斎藤一人
この先、結婚しなくてもズルいくらい幸せになる方法

舛岡はなゑ

祥伝社黄金文庫

はじめに

こんにちは、舛岡はなゑです。

この本を手にとってくれて、心から感謝いたします。

私は臨床検査技師として病院勤務をしたあと、20代で「十《と》夢《む》想《そう》家《や》」という喫茶店を経営していました。大勢の人が集まって夢を語り合う場所にしたい、そんな思いで始めたお店でしたが、2年たっても暇で儲《もう》かってはいませんでした。

そんなある日、この店にひとりの紳士が白いジャガーに乗ってやってきます。その人こそ、累積納税額日本一の実業家、斎藤一人さんでした。

一人さんは、いつの間にか私の店の常連になり、私の質問に答えてくれるようになります。

「幸せになるためには、どうすればいいんですか？」

一人さんは、本当に不思議で魅力的な人です。普通の人とは言うことが違うのです。

幸せになるためには、苦労しちゃいけないよ。
それよりおしゃれしてキレイでいることだよ。

いい言葉を使ってごらん、本当にいいことが起きるから。

神様は自分の中にいるんだ。だから、自分はダメなんて思っちゃいけない。本当は何だってできるんだよ。


幸せになるための法則を、次から次へと教えてくれました。

一人さんの言うとおりに行動すると、びっくりするほど、運が開けて、私だけでなく周りも幸せになっていくのです。私の店「十夢想家」も見違えるほどの人気店に生まれ変わりました。

一人さんは、いつでもどんなときでも、楽しんで生きる術《すべ》を教えてくれました。一人さんを慕って、私だけでなく多くの仲間たちが弟子になっていきました。

その後、私は一人さんが経営している健康食品や化粧品を取り扱う「銀座まるかん」の仕事を始めます。一人さんの教えを実践して商売をしたところ、なんと江戸川《えどがわ》区の高額納税者に名前を連ねるようになっていたんです。今は、実業家としてだけでなく、「一人道セミナー」「癒しの講演会」「美開運メイク」の講師としても、忙しく働いています。

さて、今回の本では、シングルの私が「結婚しなくても幸せ」でいるための方法を書いてみました。

「結婚したい」人のための本はごまんと出ていますが、「結婚しない」人を対象に書かれた本はあまり見かけないですよね。誰もがタブーとしていたテーマかもしれません。でも、シングルでいて、幸せいっぱいの私だからこそ、堂々と書けるテーマだと思っています。

もともと私は結婚願望がなかったのですが、「銀座まるかん」の仕事を始めてからは、仕事が楽しくて、おしゃれも自分磨きも忙しくて、仲間との時間が愛《いと》おし過ぎて、結婚したいという気持ちがまったくなくなりました。結婚している人の話を聞くうち、あまりに今の自分が幸せ過ぎて、絶対というくらい結婚したくなくなりました（笑）。

どうしたら、私のような幸せなシングルになれるか、この本の中で簡単で即効性のある方法を伝授したいと思います。もう、無理に婚活なんてしなくてすむはずです。

一人さんから教わったことを忠実に行なえば、結婚していても、結婚していなくても、子どもがいても、子どもがいなくても、すべての人が幸せでいられます。

きっと、これまでとは違う、まったく新しい世界が見えてくるはずです。

この本で、あなたが変わるのを楽しみにしています。

そして、あなたに、すべてのよきことが雪崩《なだれ》のごとく起きますように！

斎藤一人さんからメッセージ
幸せで、しかもカッコいい男と女になる方法

こんにちは。一人さんです。

はなゑちゃんの「結婚しなくても幸せ」という話の前に、ちょっと一人さんの話を聞いてください。

魂を成長させるために人は生まれてきた

まずね、人間は何のために生まれてきたか、そんなところから話しましょう。

人間はね、魂を成長させるために、何度も生まれ変わって、この世に生まれてきてるんだよね。

神様が、どういう形で魂のステージをあげるかというとね、その人に困ったことを与えるんです。そのときね、

「本当にこのことで自分は困るのだろうか」

と考えるんです。

そして〝困った出来事〟が、本当は困ったことではないと気づいたとき、あなたの魂のステージがあがるのです。

困ったことを、困っていないと気づくこと、これこそが修行なんだね。

そして、困ったことは、魂のステージをあげるための神様からのプレゼントなんです。

さて、今回のはなゑちゃんのテーマは「結婚」。〝結婚して幸せになろう〟じゃなくて、〝結婚しなくてもズルいほど幸せ〟って内容なんだよね。これは、ほんとに正しいんです。だって、結婚しなければ、女は思いっきり好きなことができるし、男は自由に女性と遊べる（笑）。結婚したくない人は、無理にしなくていいんです。

先ほど、魂の成長の話をしたけれど、「結婚」もね、魂の成長にならなければ、意味がない。魂が向上しない結婚なら、する必要もないんです。

女を上に押しあげるのが男の度量

女ははじめ、自分より上だと思う男に惚れるんだよね。ただ、女はね、海綿のように知識を吸収して、上へ上へあがろうと努力する。だんだん男より賢くなっちゃうんだね。このとき、男がね、上にあがろうとする女を、止めにかかっちゃう。これがいけないんです。

女が自分より上になってしまうのが男はイヤなんだ。今や、女のほうが進化しているんです。成長したいとがんばっている女を助けてあげるのが、男の度量というものです。

男はね、度量が大きいことが大事。知識を吸収して上へあがろうとする女を、「もっとあがれ、もっとあがれ」って押し上げてあげる、そんな男が魅力的なんです。

女は鳥のようなもの。鳥かごの中で飛ぶには、さほど力を発揮できないけど、大きな家の中に入れれば、その分大きく飛べる、そして外へ出せば世界中飛び回れる。そんな大きな器を男が提供してあげるべきなんです。

結婚していたら、なおさら男は女を応援すべきなんです。奥さんが楽しもう、がんばろうとしていることを旦那が止めちゃダメ。それを抑えるから、離婚されちゃうんです。

働いている奥さんが残業だと言えば、

「何をやってるんだ、早く帰ってこい」ではなく、

「がんばってるね、夕飯つくっておいてあげるよ」

と手助けしてあげる。社員旅行に行くと言えば、

「俺の飯はどうするの？　そんなのやめちゃえ」ではなく、

「たくさん、遊んできな。家のことは心配しなくていいからね」

と、快く送り出す。そういう、旦那は嫌われるはずがないんです。男は女には勝てないんだから、好かれなくちゃ。そうすれば、女は必死で男を助けてくれる。これが大事なんです。

わかるかい？　才能を伸ばして、魂を成長させるよう手伝ってくれる人に惚れないワケがない。それができれば、惚れられ続ける男になれます。これがカッコいい男なんです。

そしてね、女は強くなきゃダメだよ。男はね、「優しい女が好き」とか言うけど、実はお母さんみたいに強い女を求めてるんです。

「今日は疲れたから、会社に行きたくない」

って旦那が言ったら、

「じゃぁ、休んだら」

と言う奥さんより、

「何言ってるの、早く支度して行ってらっしゃい」

と言われたいんだね。まさに、お母さんでしょ。

世の中には2種類の女性しかいないんです。1種類は「強い人」。そして、もう1種類は「ものスゴく強い人」。できれば、「ものスゴく強い人」になってほしい。そんな女を男は求めているんです。そういう女から男は離れることができないんです。

女は女でいるだけで価値がある

世間では、結婚しない人が増えると、人口が減るって大騒ぎしていますが、これだけ出生率が下がるのは、神様が「もう人を増やさなくていいよ」って言っている証拠。元気な高齢者も働くようになるし、国は成り立っていけます。

日本は働き者が多いでしょ？　これには意味があるんです。日本という国は特殊でね、働くことで、人が幸せになる土壌なんです。織姫《おりひめ》は織物をし、彦星《ひこぼし》は牛飼いという仕事を持っている……。なんと神様だって働くような国なんですよ（笑）。働くことに生きがいを感じ、働くことで魂の成長ができる国なんです。

だからね、女も好きな仕事をして、思いっきり働いていいんです。結婚して、家を守る時代ではない。家の奥に入れておく奥様なんて、もったいない。女性というだけで、本当に価値があるんです。

だって、女はハダカになっただけでお金が稼げるけど、男はハダカになると警察に捕まっちゃう（笑）。女はそれだけ、価値があるんです。

今はね、時代に抑えつけられていたエネルギーを、解放する時期にきている。女だって、好きなこと、やりたいことを、誰にも遠慮なくやるべきなんです。

一人さんのお弟子さんたちは、それを知っているから、バリバリ仕事をして、みんな立派な女社長になっちゃった。はなゑちゃんも、ドンドンお金と運を手に入れている。

「彼女たちにどんな魔法を使ったんですか」

ってよく聞かれるんですが、

「自分を抑えつけていたエネルギーを解放しな」

って言っただけ。

女は自分を解放すると、１００の力があれば１００の力が、２００の力があれば２００の力が出るようになっている。我慢をやめて、自由になると、スゴい力を発揮するんです。

自分を愛していれば、誰でも幸せになれる。

結婚がダメなワケではないんですよ。前世からの運命で、一目見ただけで恋に落ちて、結びついてしまうのは、しかたがないもの。これは、誰にも止めることができないんです。

結婚して、〝相手を伸ばそう〟〝向上させよう〟という思いがあり、お互い助け合っていれば、うまくいくんです。

ただ、今あなたが「幸せを感じている」かが問題なんです。結婚しても、していなくても、幸せに向かって生きていなくては、意味がないんです。

自分を愛している人、自分を大切にしている人は、仕事でも、結婚でも必ず成功します。自分を大切にしている人って、周りの人も大切にしてくれるんだよね。

神様も喜んでくれて、あなたを守ってくれるんです。

さぁ、どうやって自分を愛していくのか、この本で、はなゑちゃんが具体的な方法を教えてくれています。一人さんの教えどおりに、書いてくれています。

ぜひ、読んであげてください。

自分をゆるし、愛したあなたは、絶対に
ズルいほど幸せ
になれますよ。

CONTENTS

第1章

はなゑ流、結婚しないほうが最高に幸せ …… 027

第2章

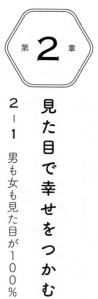

第5章 シングルだからこそ恋愛が自由で楽しい！

第6章

シングルを楽しむための自分の磨き方

企画／編集協力　相川未佳
装丁　藤塚尚子（ｅｔｏｋｕｍｉ）

第1章

はなゑ流、結婚しないほうが最高に幸せ

1－1

結婚できないのではなく、結婚しないだけ！

結婚していないと、周りがとやかく言うことがあります。

「いい人はいないの？」

「そろそろ結婚を考えたほうがいいんじゃない？」

あなたが結婚を望んでいない場合、対処に困ることもあるでしょう。答えることが難しいこともありますよね。今までなら、

「今、いい人がいないから」

「まだ、仕事が忙しいし……」

とあいまいに答えていたはず。でも、それって本当にあなたの気持ちなのでしょうか？

こんなときは、もうはっきり言っていいと思うんです！

「結婚できないのではなく、結婚しないだけ」ってね。

「外車を買えないのではなく、外車を買わない」だけ。外車を望んでいないように、今は結婚を望んでいない。あなたのその思いをはっきり言っていいと思います。

そう、人にとやかく言われる時代は終わったのです。シングルでも幸せな人は、幸せなのです。

だって、結婚しない生き方には、たくさんのメリットがあるのだから。そのメリットを楽しめばいいのです。

例えばね、自分のお給料はすべて自分で使えること。何に使っても誰に文句を言われることもありません。どんなものを買っても、飲食費にどれだけ使ってもいいワケです。自分の裁量で自由にお金を運用することだってできます。

もちろん、異性との恋愛も自由です。結婚していないのだから、何人と付き合おうとその人の自由です。年齢に関係なく合コンに出たり、異性が接客するお店に気兼ねなく行くこともできちゃいます。

時間も束縛されないので、趣味に打ち込んだり、ひとりの時間を楽しんだりもできます。夫や子どもがいないのだから、急な旅行やお誘いだって、即出かけられます。

そして、なんといっても仕事を思いっきりできるのが魅力です。女性だって、異動や海外赴任もためらわずに引き受けることができますよね。やりたい仕事をやりたいだけできます。転職したり、独立したりすることも、家族に相談することなく決めることができるのです。時間も、お金も、そして恋愛も自由。もちろん、自由には責任がつきものですが、その責任感も身につきます。結婚しないということは、思いのほか、幸せなんです。

以降第1章では、現代の結婚・離婚・子育て事情を見ながら、「シングルでも幸せ」という考え方のヒントをお教えしたいと思います。

1-2 思う存分「自分ひとりだけの時間」を楽しむ

結婚しないことのメリットは、わかったと思いますが、結婚しないでいると何がデメリットになるのでしょうか？　このデメリットさえクリアすれば、居心地のよいシングルライフを送ることができるはず。

結婚に関する調査データから読みとると、ひとりが寂しいという人が多いようです。老後や病気が心配という将来の不安も感じとれますね。

そこでまず、気の合う仲間をつくることを提案します。老若男女問わず、いろいろな世代の人と交流しましょう。そして、その中で、なくては

結婚したくない理由（複数回答形式）

対象：結婚したくない人〈全体・男女別〉

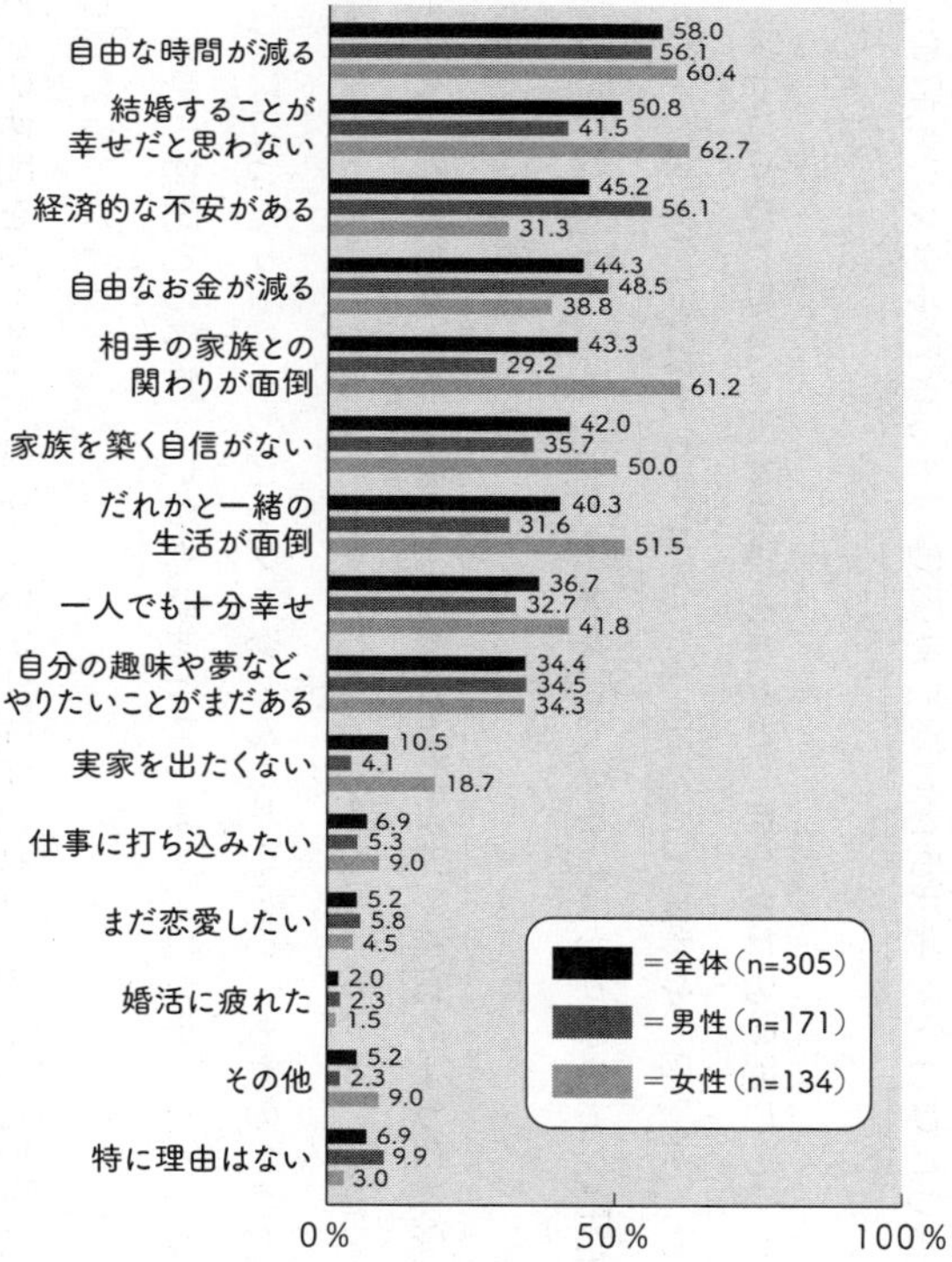

「子ども・子育てに関する調査」《結婚に対する意識について》
日本労働組合総連合会調べ(2013年)

ならない仲間をつくることです。いい仲間がいれば、寂しいということは決してないでしょう。

私自身、仲間との予定がいつも詰まっています。ランチへ行ったり、ドライブに行ったり、ショッピングを楽しんだり……いつも気の合う友人や仕事仲間がたくさんいます。また、講演会や勉強会、そのあとの飲み会、パーティーなどで新たな出会いも続々とあります。毎日のように仲間の輪が広がっています。

私の周りの人は、常に人生の探求をしている人ばかりなので、話題が新鮮で話が尽きることはありません。本当に毎日が楽しいのです。もちろん、家でDVDを見たり、本を読んだりと、自分だけの時間にも幸せを感じています。

さらに、シングルにとって、健康でいることもポイントのひとつ。自己管理は大切です。健康管理のために、運動することも大事ですが、私は若さを保つためにたんぱく質を摂《と》るよう心がけています。そして、腸内環境を整えるため、ヨーグルトや納豆など発酵食品を食べるようにしています。外食が多いこともあり、サプリメントも積極的に取り入れています。サプリメントは手軽に必要な栄養が補給できるのが魅力です。あとは、飲み過ぎに注意して、よく睡眠をとることも大切ですね。

健康に関して、一人さんのステキな言葉を紹介しますね。言葉ひとつで健康になる方法です。


健康ってね、「絶好調」って言えばいいんです。

普通の人はね、「絶好調」って100パーセント調子のいいときに、「絶好調」と言うと思ってるけど、私は「絶好調」は20パーセン

トって決めてます。

「絶好調だよ」と言ってるとね、だんだん「絶好調」になってくるんです。

不安を抱えていると、病気でなくても心や身体が弱ってきてしまうもの。「絶好調」と言葉に出して言うことで、不安は解消され、明日のパワーにつながるのです。

仕事をして、仲間がいて、健康でいれば、こんな楽しいことはありません。「幸せ」「絶好調」と思っていれば、シングルライフを満喫できます。

1-3 結婚に不向きな人もたくさんいる

「国勢調査（2015年）」から、日本の未婚率がどのくらいか、見てみましょう。45〜49歳の時点での未婚率を見ると男性が25・9%、女性が16・1%。結婚適齢期の30〜34歳の時点で、男性が47・1%、女性が34・6%となっています。適齢期の男性は約半分、女性は3人に1人がシングルというワケです。

また、「人口統計資料集（2017年）」によると、2015年の生涯未婚率（50歳時の未婚割合）は男性が23・37%、女性は14・06%でした。2

010年と2015年を比べると、男性は約3・2ポイント、女性は約3・5ポイント上昇しています。

年々、未婚者が増える理由として、女性の晩婚化、男性の非正規雇用の増加などが言われていますが、それだけではない気がします。私はね、結婚に向いていない人が無理して結婚しなくなった結果だと思うのです。

私自身、女性として結婚に向いていないと感じているので、よくわかるのです。家事は苦手で、料理も得意ではありません。キレイな部屋は好きなので、お掃除は必要ですが、自分の苦手なことはやりたくないので、専門のハウスキーパーを頼むようにしています。できれば家のことをする時間に、好きなこと、好きな仕事がしたいというタイプです。

類は友を呼ぶのか、「銀座まるかん」の社長を務める女性陣は、全員シングル。一人さんの弟子として学ぶことがいっぱいあったことで、時間がいつの間にか過ぎた感じです。でも、なにより結婚している人で、幸せそうな人、私の理想としている人がいなかったことも大きいです。女子会でも「結婚したい」なんて言葉を一度も聞いたことはありません。世の中、「結婚したい」女性ばかりではないのです。

男性でも自分のために自分の時間を使いたいと考える人は多いもの。大事にしている趣味があり、それに時間やお金を使いたい人もいるし、仕事に専念したいという人もいます。〝家事をするのは女性〟という認識もナンセンス。料理や掃除が上手で、女子力のある男性はたくさんいます。家事のためにお嫁さんをもらいたいという考えも、これからの時代はなくなってくるはずです。また、多少お金があれば、ハウスキーパーを雇うという選択もできます。

女優の岩下志麻《いわしたしま》さんは、映画監督の篠田正浩《しのだまさひろ》さんと結婚するときに、

「君は女優なんだから、家事は一切しなくていい」

と言われたそう。

女優という仕事をよく理解し、それを支えてくれる旦那様だからこそ、長くおしどり夫婦でいられるのだと思います。仕事に専念した女性が、結婚を持続できたステキな例だと思います。

自分を理解してくれる人に巡り合うまで妥協しないことです。〝今の自分を楽しみたい〟〝今の生活を変えたくない〟そう思っている間は、結婚しないほうが幸せなのです。

1-4

結婚しなければしんどい
離婚もしなくてすむ

日本では今や、既婚者の3組に1組が離婚しているという実態があります。私の周りにも多くの離婚経験者がいます。今、この本を読んでいるあなたも、離婚を経験して、2度目のシングルを過ごしているかもしれませんね。

「離婚は結婚の何倍も大変だ」

という離婚経験者の話はよく聞きます。

家族や周りの反対にあったり、養育費の交渉をしたり、新たな生活の基盤を整えたり、それぞれ大変なことがあるようです。

結婚は紙切れ1枚の契約。婚姻届けを出すときは実に簡単なのに、離婚届けを出すときは、いろんな苦労があるものです。

以前、一人さんが「結婚も更新制にすればいいのに」と話していましたが、私もこの意見に大賛成。〝家庭生活においてトラブルを起こしていないか〟、〝安全に結婚生活が維持できているか〟、3年ごとに確認して、結婚を継続させるのです。更新制にすれば、男性は女性をもっと大切にするはず。釣った魚にも、きちんと餌をあげるようになると思うんです。

離婚するのはしんどいものでしょうが、私としては、どんなに離婚が大変でも、イヤになったらすぐに離婚すべきだと思っています!

とにかく我慢しちゃダメなんです。子どものため、親のためと思って我慢しても、いい方向には向かいません。自分は離婚したほうが幸せだと感じたら、今すぐパートナーと別れるべきです。もうダメと思ったら、身ひとつで家を出るくらいでないと、別れられません。決意すればなんとかなるものです。

だって、私の周りで、離婚して不幸になった人を見たことがないから。

これは、本当の話！

「あんな人と別れられてスッキリした」

と言って、実に晴れ晴れとシングルを謳歌《おうか》しています。私の周りの人は、一人さんの教えを受けているからでしょうか、我慢をやめて自分を大切にしたことで、神様が守ってくれて、運が向いてくるのです。

女性はバリバリと働き、自分を磨いて見事にキレイになっていきます。

男性は自由で開放的になり、結婚する前よりずっとモテています。

結婚するのは自由です。パートナーや家族がいることで、癒やされること、幸せだと感じることは、たくさんあります。ただし、勢いだけでなく、慎重に結婚を考えることが必要だと思います。

結婚しなければ、しんどい離婚を経験することはないのですから。

1-5

あなたが魅力的なら、シングルでも子どもは育てられる

男女問わず、結婚はしなくても子どもは欲しいという人はいますよね。

女性の場合、女に生まれてきたからには、子どもを産んでみたい、育ててみたいと思う人もいるでしょう。男性ならば、遺伝子を残したい、自分の分身が欲しいという願望があるようです。

今までなら、子どもを産み育てるためには、〝最初に結婚〟が大前提でした。でも、未婚で、独身を通しながら、子どもを育てる人はいますし、それを公にできる時代になってきました。

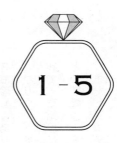

ただし、子どもを育てるためには、なんといってもお金が必要です。日本では子ども1人育てるのに、公立高校・国公立大学ならば2415万円程度、私立高校・私立理系大学であれば2849万円はかかると言われています。

このお金が確保できる状態であれば、シングルで子どもを産み育てるのもアリだと思います。結婚せずに親になるという選択です。

海外セレブの中には、結婚せずに子どもを産んだり、養子を迎えるケースも珍しくありません。

ハリウッドを代表する女優のシャーリーズ・セロンは、2人の養子の母親で、結婚歴はありません。人気女優シャロン・ストーンは、2人の男性との離婚後、3人の男の子と養子縁組をしています。

また、ジョディ・フォスターが2人の子どもを体外受精で出産しているのは有名な話ですし、ルーシー・リューは、46歳で代理出産によって男の子の母親になりました。海外のセレブは、実にパワフルです。

日本でも、歌人の俵万智《たわらまち》さん、モデルの道端《みちばた》カレンさん、フィギュアスケーターの安藤美姫《あんどうみき》さんたちは、結婚せずにひとりで子どもを産み、育てていることを公表しています。

しっかりとした自分の生業《なりわい》をもち、そこで稼げる自信があれば、パートナーがいなくても、立派に子育てはできるものなのです。それにはもちろん、セレブであるに越したことはないですが。

でも、お金はなくとも、あなたが周りから他力を集められれば、できないことではありません。家族の協力、地域の助け、友人の支え、そして社会福祉、すべてを最大限活用すれば、シングルの子育ても怖くはありません。そのためには、あなたが魅力的でなければいけませんよ。そして、覚悟があれば、なんとかなります。母の力は強いのです。

結婚しないで子どもを産むことは、並大抵なことではありませんが、自立した女性の選択肢のひとつと考えて、周りのみんなが尊重し、応援してあげたいものです。

1-6 幸せになるために シングルを選ぶ時代です

結婚のメリット・デメリットをあらためて考えてみましたが、やはり私は今、「シングルで幸せ」です。

いや、「シングルこそ、幸せ」だって、声を大にして言いたいです。

そして、シングルは「かわいそう」、シングルは「幸せじゃない」、シングルは「みじめ」なんて思っている人がいたら、「大きな勘違い」だと伝えたいです。今や30代の3人に1人が独身なんだもの。マイノリティではありません。

事実、私は幸せなシングルだし、「ズルい！」と言われるほどの幸せ者です。

人は幸せになるために生まれてきたのです。
だから、まず自分が幸せになる。
世間の人は、他人が幸せになるために自分を犠牲にしなさいと言う。
そうじゃないの。自分が幸せじゃないと他人を幸せにはできません。
だって募金するのだってそうでしょ。
お金を持っていなければ募金できない。
だから、まず自分が幸せになるのです。

と一人さん。そう、幸せになるために生まれてきた私たち。したくない結婚にとらわれる必要はありません。自分をしっかり認めて、愛することができれば、必ず幸せへ向かっていけるのです。

ただね、「結婚はしないほうがいい、絶対しちゃダメ」と言っているのではないのですよ。好きな人ができて、結婚したいと思えば、結婚すればいいのです。結婚して幸せな気持ちを持ち続けていれば、それはそれで、すっごくステキなこと。私の両親は、結婚していない私が言うのもなんですが、とても仲が良く幸せそうでした。結婚している、していないにかかわらず「幸せ」でいることが大事なんです。

どうすれば、自分自身が納得できる「前向きなシングル」になれるのか、そしてみんなに認めてもらえる「幸せなシングル」になれるのか、次の章からお伝えしていきたいと思います。

一人さんから教わった、「魂を成長」させるための「幸せの法則」を実践するだけ！　難しいノウハウや、知識はいりません。

私と一緒に、幸せなシングルの扉を開いてください！

第2章

見た目で幸せをつかむ

2-1 男も女も見た目が１００％

シングルでいても、幸せでいるために、まず整えてほしいのが見た目です。人はとにかく見た目が大事、見た目が１００％なのです。仕事もプライベートも充実させるためには、見た目をキレイにすること。それは、私が初めて一人さんに教わった幸せの法則でした。

幸せになるのは、実はすごく簡単なことなんだ。見た目をよくすることなんだ。〝外見だけキレイでも、心が汚いのでは意味がない〟

と思うでしょ？　でも、内側をキレイにしたいなら、まずは外側からキレイにするんだ。見た目が変わると心の中だって変わってくるんだよ。

どんな心やさしい人だとしても、ひと目見ただけでは、その人の中身はわかりません。第一印象が悪ければ、その後会いたいという気にはなれません。人は第一印象で大きく変わるのです。女性だけでなく、もちろん男性も同じです。身なりがきちんとした男性は、どこへ行っても丁寧に扱われるのです。

ＹｏｕＴｕｂｅで海外の人が行なったある実験を見たことがあります。その内容は、「道で人が倒れていたら、周りの人がどう対応するか」というもの。まず、きちんとスーツを着た男性が倒れています。倒れてすぐに、通りがかりの人が気づいて、「大丈夫ですか」と声をかけ、さらに男性を助けようと大勢の人が集まってきます。一方、ボロボロの服を着て、ボサボサの髪をした男性が倒れています。周りの人は声をかけるどころか、見て見ぬふりなのです。男性は倒れたまま、誰も声をかけることはありませんでした。つまりね、人は見た目で人の価値を判断するものなんです。身なりは、命を救うほど大事だということがわかりますよね。

見た目の中でも、顔が一番大事。幸運を引き寄せるには、福相になることだよ。福相になるためには、まず顔につやを出して、輝いた顔になること。嘘は言わない、今すぐやってごらん。

数十年前、この話を一人さんから聞いた私は、さっそく実行に移しました。一人さんの教えに従って、つやを出すため、肌にたっぷりとつや出しクリームを塗ることに。その日からみるみる幸運をつかんでいきました。仕事も、恋も、遊びも、とんとん拍子にうまく運んでいったのです。そして、たったの10年で江戸川区の長者番付に名を連ねるほどの実業家へ転身しました。

周りを見てみると、運がいい人、幸せをつかんでいる人、お金を持っている人、権力のある人は、必ず肌につやがあるんです。この「つやこの法則」は、絶大です！

あなたも、つやを出したくなってきたでしょ？

次のページからは、運を開く「つや出しの方法」を伝授しましょう。

2-2

つやを出して福相を手に入れる

幸せになるために苦労なんかしちゃいけない。

幸せは、がんばって苦労して手に入れるものと思っている人がいる。

それは間違いなんだ。幸せというのは、心が幸せに向かったと同時にやってくるもの。でもね、心を変えるって簡単じゃないよね。

だから、まずは顔につやを出すんだ。

と一人さん。カサカサした顔には、貧乏神が忍び寄り、反対につやのある顔には、さまざまな福がやってくるのだそうです。

額のつやは学業や知識運のアップを招き、目の周りのつやは恋愛や結婚のアップを招きます。頬のつやは対人関係をスムーズにし、鼻のつやはお金を引き寄せ財力がつくそう。さらに、唇がつややかならば、食べ物には困りません。つやを出せば、絶対不幸にならないのです!

肌につやを出すのは、とっても簡単。保湿クリームもしくはオイルを塗ればいいだけです。オイルの場合、3~4滴手にとって、クリームの場合は指でたっぷりとすくい、部分的になじませていきます。オイルやクリームが肌に吸い込まれていったら、さらに足していきましょう。

たっぷり使うので保湿クリームやオイルは、自然素材でできるだけ上質なものを選ぶこと。オイルは、スクワランオイルやオリーブオイルなど、クリームは上質な脂が配合されたものを選びます。ちなみに私は、「銀座まるかん」の商品「ひとりさんホワイトクリーム」を愛用しています。

毎日のケアは夜と朝、そして化粧直しを加え、「一日3回」が効果的。夜は、洗顔後または寝る前に、いつものスキンケアの最後に保湿クリームかオイルを塗ります。朝起きると、驚くほどのつやとハリが出ているはずです。

朝は、化粧下地として化粧水のあとに塗っていきます。メイクをした後、鏡を見て〝つやが足りないな〟と感じたら、つやつやになるまで塗ってOK。お昼はメイク直しのあとにつけます。ただし、メイク後につけるときはオイルを手のひらで伸ばしてから、トントンとやさしくたたいてつけること。こすって伸ばすとメイクが崩れてしまうので注意しましょう。

男性も「これから仕事をするぞ」という前にひと塗りして、つや出しを！「つや肌」になることで、とにかく自信を持って外出できます。

たっぷりつけていいとはいえ、テカテカ、ギラギラにならないよう、つけ過ぎには注意してくださいね。このあたりの加減は、何度も試してみないとわからないもの。鏡でよりよいつやが出るよう研究してみてください。

肌にハリがあると、人生にもハリが、肌に潤いがあれば、人生にも潤いが生まれるのです。逆に肌にくすみがあれば、人生もくすんでしまうもの。だからこそ、肌つやは大事なのです。

つや肌は、シングルで生きていくため、大きな武器になります。だまされたと思って、つや出し効果を実感してみてくださいね。

2-3

美開運メイクで愛され顔に変身

私は小さいころからおしゃれをすることが大好きで、メイクすることも得意でした。友達から「はなちゃんにメイクしてほしい」とせがまれ、行列ができたことも。なんでこんなに人気だったかというと、私がメイクをしてあげると、不思議なことにその人のオーラが変わるからなのです。

さらに、メイクをした人から、その後目がよくなったとか、片頭痛が治ったといった報告がくるほど。キレイになるだけではないパワーがある私の手は〝魔法の手〟と呼ばれていたんです。

一人さんと出会って、「つや出し」の大切さを知った私。ただ、つやをキープしながら、メイクをするって意外なほど難しいんです。オイルを塗った肌に、リキッドタイプのファンデーションをつけるとすべってうまくつかない、クリームタイプだとつい厚く塗り過ぎてしまう、パウダーだとムラができてしまうのです。そこで、つやを出して、さらに美しくメイクができるよう試行錯誤し、研究を重ねました。ベースメイクから、アイメイク、リップまで、つやをポイントにおいたメイク方法を生み出し、必要なアイテムをセレクト。そして何年もかけて、生まれたのがはなゑオリジナルの「美開運メイク」です。

つやが第一だけど、福相になるためには優しさがにじみ出ているような、ふんわりやわらかな人相がいいよね。こうした顔の人が笑

顔でいたら、不幸は逃げちゃうんだよ。

こうした一人さんの提案も取り入れました。

美開運メイクは、

❶一人さんに教わった開運人相学に基づく〝つや出し〟第一のメイク法

❷透明感のある陶器肌をつくると同時に、シミ、シワ、たるみなどを改善

❸好感度のあがる〝愛され顔〟を短時間で演出できる

この3点が大きなポイントです。

ベースメイクは、濃淡2つのリキッドファンデーションを使い分け、陶器のような透明感を出す。眉は自然を生かした優しいナチュラル眉に、オ

レンジピンクのチークとリップグロス、アイメイクはブラウンとラメ入りのパールカラーを使う。ハイライトはパールホワイトで輝きをプラスする。そして、自分の顔を宝石のように扱い、丁寧にメイクを施す。こうしたメソッドで、愛される福相が出来上がります。

さらに現在、日本の各地に美開運アーティストがいるので、実際メイクをしてもらうこともできます。即座にキレイになれるので、興味がある方はぜひ、試してみてください(私のホームページ参照)。

美開運とは「少しでも美しくなろうとするだけで運が開いていく」という意味を持っています。自分を丁寧に扱い、今よりキレイにしてあげるという心が、何より大切なのです。

2-4 キラキラと輝く宝石のような存在に

シングルだからこそ、いくつになっても華やかさをキープしたいもの。時間もお金も自分のために使えるのだから、しっかり自分を磨いてあげましょう。

キラキラ光るアクセサリーを身につけると、幸せになれるよ。
キラキラ自分が輝けば、自分も楽しいし、周りの人も楽しくなるんだ。

こんな一人さんの教えを受けて、私はいつもキラキラ輝くアクセサリーを身につけるようにしています。

「銀座まるかん」の仲間たちは、とにかくキラキラとっても目立つアクセサリーをつけています。宝石のように私たち自身も輝いているので、運勢がよくなり仕事も好調。いつのまにか、お金がドンドン入ってきて、税金をたっぷり払えるようになりました。

アクセサリーは自分や周りを華やかにするだけでなく、実は「魔よけ」の効果もあるのです。その昔、王様たちは、さまざまな宝石を身につけていました。なぜなら、光るものは、災いを寄せつけないと言われていたから。魔よけの効果があるなら、なおのこと身につけたいもの。不思議なパワーをもつキラキラ宝石は、幸せになるための必須アイテムです。

もちろん、イミテーションでもＯＫです。恥ずかしがらずに、アクセサリーをつけて出かけること。運がついてくれば、大きめのアクセサリーをつける自信も生まれてきます。

さらに、私は人前に出るときは、ピンクやブルー、イエローなど色鮮やかな服を着るようにしています。シックでモノトーンだけが大人の装い、なんて間違い！　年齢を重ねるほど、鮮やかで華やかなファッションもすべきなんです。

独身なんだもの。誰に遠慮することなく、色も柄も華やかに大胆な格好もできるのです。まあ、私としては、もし結婚していても好きな格好をしちゃいますけどね（笑）。シングルという特権を生かして、ファッションも楽しんでください。私は年齢や体形を気にせず、ミニスカートやショートパンツもはいちゃいます。はじめは、抵抗もありましたが、みんなが褒めてくれるので、調子に乗って大胆に足も出すようになりました。高いヒールの靴を履いて、足を出すと、スタイルもよく見えるように！　チャレンジすることで、違う自分が見えてくることもあるのです。

女性はキレイになることが仕事なんだから、どんどんキレイになるべきだ。神様はキレイになろうとする人を応援してくれるよ。

と一人さんは、言ってくれました。

キラキラ、華やかな女性には、多くの応援者が現れるのです。自分を宝石のように輝かせることで、他力を味方にしませんか？

2-5 憧れの人を目指すことで、見た目は変わる

自分の生き方を考えるとき、お手本にする人がいると心強いものです。

特に、シングルでいるために、「憧れの人」が心の羅針盤になります。

もし、憧れている人がいたら、一歩でも近づいて真似したらいいよ。

そういう人生って楽しいよ。

人ってこの世に出てくる前に「もっと素敵になって、愛される人

間になって帰ってきます」って神様に約束して出てきたんだ。

と一人さんから言われたことがあります。

女性ならば、オードリー・ヘプバーンでも、ビヨンセでも、綾瀬《あやせ》はるかでも、誰でもかまいません。シングルなら、芯の強さを感じさせる天海祐《あまみゆう》希《き》に憧れる人もいるかもしれませんね。芸能人でなくても、職場の先輩や習い事の先生、身近な友人でもいいでしょう。

自分がなってみたい、お手本にしたい、そう思う人を何人か見つけて、素敵な部分をぜひ真似してみてください。その人の哲学や思想を勉強してもいいですし、生活スタイルを自分の生活に取り入れてもいいでしょう。

はじめはメイクやファッション、しぐさなど見た目からでOKです。よく観察して、憧れの人を見習ってみましょう。例えば、『ローマの休日』

でオードリー・ヘプバーンが演じたアン王女の歩く姿を真似てみてください。背筋を伸ばし、胸を張って歩く姿は、気品があってステキでしょ。

私は若いころ、「銀座まるかん」の先輩であり、仲間でもある柴村恵美子社長にすっごく憧れていました。初めてお会いしたのは、仕事の打ち合わせで一人さんとともに、私が経営していた喫茶店にいらしたとき。彼女は真っ白いパンツスーツに身を包み、大きな宝石をつけ、まぶしいくらいに華やいでいました。話し方やしぐさもカッコよくて、仕事もバリバリこなす。そんな姿を見て、〝私も恵美子社長のようなキャリアウーマンになりたい！〟と思うようになりました。その後、キャリアウーマンを目指して、喫茶店をクローズし、一人さんの仕事を手伝うようになったのです。

恵美子社長も、シングルを貫いているひとり。仕事が生きがいの彼女にとって、結婚は必要ありませんでした。でも、世話好きな人っていますよね。恵美子社長に長年お見合い話を持ってくるおばさまがいたそうです。何度断わっても、条件がいいからとお見合い写真を持ってきます。あまりにしつこいので、「私はひとりで生きていけるお金は十分あるから」ときっぱり伝えたそう。でも、しつこいおばさまは「どれくらい稼いでいるの?」と聞くので、その年の年収を教えたのです。信じられないような高額な年収を聞いて、「まぁ、そんなに稼いでいるの! それなら、私だって結婚しないわ」と叫んだそうです。もちろん、その後お見合い話は持ってこなくなりました(笑)。

しっかり稼いで、仲間を大切にする恵美子社長は、仕事でもプライベートでも私の目標の人。憧れの人を目指して努力すると、私のように本当に近づいていきますよ。

2-6 人の目を借りてキレイをキープする

見た目が大事なことは、もうわかっていただけたと思うのですが、キレイになったら、それをキープすることも大切。そこで活躍するアイテムのひとつが〝鏡〟です。私は部屋の各所に鏡を置き、気づいたときは顔やボディをチェックしています。寝室と玄関の2カ所には、全身が映る鏡を用意。外出時は必ず鏡を見て、上から下まで、全身を確認します。玄関では、バッグを持って、靴を履いた姿を見ます。全身のバランスや、カラーの配色がわかり、自信を持って外出できます。

「うん、なかなか決まっている。いいんじゃない！」

「今日もラッキーな一日だわ！」

鏡の中の自分を褒めて、気合を入れて仕事場へ向かうのです。

客観的に自分を見るためには、自分の姿をビデオで見るのもおすすめですよ。歩き方や話すしぐさ、笑い方など動いている自分は、鏡とは違うもの。鏡や写真だと、いいポーズしかしないでしょ？　でも、他人からは、いつも完璧なポーズを見られているワケではないですよね。だからこそ、動いている姿を、自分で見ておく必要があるのです。

私の場合、講演会や懇談会などでビデオを撮る機会が多いので、そのときの自分を確認しています。猫背ではないか、姿勢は悪くないか、歩き方はおかしくないか、その都度確認します。

今は、スマホで気軽に動画を撮ったり、見たりできるようになりました。自分を磨くアイテムとして、ぜひ活用しましょう。ビデオや画像の利点は、ごまかしがきかないこと。さまざまな角度から自分が見られるので、欠点も見つけやすくなります。

さらに、自分を見直すためには〝人の目〟を借りることも大切です。身近な家族のほか、友達や同僚などに評価してもらうのです。特にセンスの良い友達の意見に、耳を傾けましょう。「今日の服、どう思う?」と言うあなたの問いに、「とってもいいけど、もっと冒険したほうがあなたらしいわよ」などとあなたのセンスをブラッシュアップさせてくれる人です。

センスの良い友達がいない場合は、ステキだなと思うカフェやセレクトショップの店長と仲良くなること。「率直な意見を聞かせて?」と頼んでみると、適切なアドバイスをしてくれるはずです。

キレイな人は得だっていうけれど、正しく言えば〝自分のために手間ひまかけている人がキレイ〟なんだ。

自分のことを何より大切にして、愛してあげなきゃいけないよ。

自分は手間ひまかける価値がある。

そう思うと、周りの人が大切にしてくれるんだ。

キレイな人には、他力が集まってくるんだ。


と一人さん。他力を集めるための努力を惜しまないことです。シングルのあなたには、自分のために使える自由な時間がたっぷりあるのですから。

第3章

ステキなシングルを生きるための魔法の言葉

3-1 一人さんが教えてくれた幸せになる「天国言葉」

外見をきれいにした私に、一人さんは言葉の大切さも教えてくれました。それが「天国言葉」です。シングルを楽しく生きるために、覚えたほうがいい言葉です。それがこの8つ！

「愛してます」
「ついてる」
「うれしい」

「楽しい」
「感謝してます」
「しあわせ」
「ありがとう」
「ゆるします」

この天国言葉を使い始めた私には、いいことが立て続けに起こるようになりました。このころ、経営していた喫茶店は、閑古鳥《かんこどり》が鳴いている状態。まったく儲かっていなかったのですが、天国言葉を使って商売をすると、常連以外のお客さまが次々と現れるように。いつの間にか、いつも満席の人気店へと生まれ変わったのです。

それからは、どこへ行っても天国言葉を使うようになりました。例え

ば、洋服を買いに行ったら、

「本当にステキなジャケットですね。こんなデザイン探していたの」

と言葉をかけます。お店の方は、

「ありがとうございます。気に入っていただき、うれしいです」

と笑顔を見せてくれます。

鉢植えの植物や、ペットにも天国言葉を言ってみることに。すると、植物たちはよく育って、ペットはいつも以上になついてくるのです。おもしろいほどに、毎日が楽しくなってきました。

私だけの秘密にしてはもったいない。天国言葉の効果を、知り合いに伝えてみることにしました。

「子どもには『あなたが私の子どもでうれしい』、ご主人には『いつもお仕事ご苦労様、感謝しています』と毎日言ってみて」

すると、3カ月後、子どものぜんそくの発作がおさまっただけでなく、今まで絶えなかった夫婦げんかもなくなり、家族がすごく仲良くなったと、うれしい報告をしてくれたのです。

このほか、職場の悩みが解決した、ステキなカレができたなど、私の周りにはハッピー体験が続出しました。ねっ、あなたも天国言葉を使ってみたくなったでしょ？

私の会社「銀座まるかん」では、電話が鳴ると「もしもし」ではなく、「感謝しています」と言って応答します。電話してくださるすべての方に、「ありがとう」の気持ちを伝えたいからです。はじめは、誰かわからない電話の相手に、「感謝しています」なんて言えないという社員もいました。でもね、ここが不思議なところ。毎回、この言葉を言うことで、感謝の気持ちがふつふつと湧いてくるのです。さらに、感謝できる相手からしか電話がかかってこなくなりました。つまり、よい仕事しかこなくなるということです。

これが言霊《ことだま》のパワーなのです。「楽しい」と言えば「楽しい」出来事が、「幸せ」と言えば「幸せ」な出来事が起こるようになっています。

天国言葉の絶大な効果を、ぜひあなたも体験してみてください！

3-2

「地獄言葉」を使わない上手な方法

天国言葉とは反対に、口に出してはいけない「地獄言葉」があります。

「はなちゃん、言葉にはね〝言霊〟というパワーがあるんだよ。天国言葉を使えば、もう一度、そういう言葉を言いたくなる、幸せなことが次々起こるんだ。逆に、不満ばかり言う人、悪口を言っている人に、幸せな人はいないよ。地獄言葉は、決して使ってはいけないんだ」

と一人さんに教わったのが、次のような言葉です。

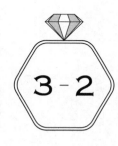

「恐れている」

「ついてない」

「不平不満」

「グチ・泣きごと」

「悪口・文句」

「心配ごと」

「ゆるせない」


でもね、ついつい口に出して言いたくなっちゃう言葉でもあるのです。

そこで、私は地獄言葉を言わないように、言葉の変換をするようにしました。例えば、人前で転んでしまったときは、

「いた〜い！　みんなの前で恥ずかしい、なんてついてないの！」ではな

く、

「よかった、ケガをしてなくて。私ってラッキーだわ」

と前向きな言葉に言い換えるのです。気持ちが切り換わるでしょ？

「カレにふられた〜。悔しい」ではなく、

「カレとは別れたけど、もっといい人が見つかるってことよね！　私ってついてるわ！」

負け惜しみではなく、こう考えれば次の出会いが期待できます。

「景気が悪くて、うちも業績が急下降。ついてないな〜」ではなく、

「景気が悪いからこそ、何かできることがあるはず。ピンチをチャンスにできる時期だ」

仕事だって、言葉ひとつで上向きになるのです。

この変換作業はなかなか楽しいもの。嫌なことを楽しいほうに言い換え

ていけば、人生ラクに生きられるのです。

結婚に関してもそう。時には、

「結婚してなくてかわいそう」

と言われることもあるでしょう。でもね、そんなときは、

「私は大丈夫です。心配していただき、ありがとう。今のところ結婚する気はないの。今がとっても幸せよ」

と答えてください。心の中では「あなたのように苦労ばかりの結婚をしなくて、私は幸せだわ」と舌を出してもいいのです。

友達と会って、誰かがうわさ話や悪口を言っていたら、要注意です！

「＊＊さんって意地悪よね」「人によって態度を変えるなんて、ひどい人だわ」「カレができたからって、あんなに自慢しなくてもいいのに」などなどいったん、悪口が始まると、地獄言葉が次から次へと出てくるからで

す。うわさ話が始まったら、

「そうなんだ。知らなかった」

と聞き流し、あなたが率先して別の話題に替えること。うわさ話を引き延ばさないようにすることがポイントです。

ただね、地獄言葉は口にしないと決めてはいても、やはり出てくることはありますよね。その対処方法をお教えしましょう。言ってしまったと気づいたら、天国言葉のセット「愛してます」「ついてる」「うれしい」「楽しい」「感謝してます」「しあわせ」「ありがとう」「ゆるします」を繰り返して言ってみてください。悪い地獄言葉を打ち消してくれますよ。

3-3 毎日、どんなときでも自分を褒めてあげる

誰からも認められず、褒められず、どっと心が疲れてしまうことってありますよね。シングルで暮らしていると、そんなとき、結婚に逃げてしまいそうになるものです。

「なんで私はダメなんだろう、やっぱり誰かと結婚したほうがいいのかしら?」

こんな毎日でいいのかと、自分を責めちゃうこともあるかもしれません。でも、そんなマイナスな気持ちのままでは、たとえ結婚しても、「バ

ランスの法則」で、同じようにマイナスの気持ちを持つパートナーを引き寄せてしまいます。

気持ちが沈んだときトライしてほしい、とびきりの方法をお教えしましょう。まずは今の自分を認めて、いっぱい、いっぱい褒めてあげるのです。

「ひとりで暮らしている私ってえらい！」

「毎日、目覚まし時計で起きられる私はスゴい！」

仕事のときだってそう。

「間違えずに、100枚のコピーをできた私ってスゴい！」

「このおいしいお茶は、私がいれたもの。こんなお茶を部長にいれられる私はステキ！」

おしゃれをしたときは、特に念入りに！

「新しく買ったピンクの服、私に似合い過ぎる！　可愛い～」

「メイクがうまくいったので、今日は一段とキレイに見えるわ！」

恥ずかしいくらいに、自分を褒めてみてください。自分を褒めることができると、どうなるかわかりますか？　不思議と人に自慢話をしなくなるのです。自慢話をしない人はどうなるか？　逆に人から褒められるようになってくるのです。自分を褒めたことで、他人からも褒められるようになるワケです。すごいプラスのスパイラルでしょ。

さらに、何か悪いことをしちゃった、言い過ぎちゃったなって思ったときは、自分を責めないこと。自分をゆるしてあげましょう。

私の友人Aさんは、上司がいつも暴言を吐き、理不尽なことばかり言うので、ある日いたたまれず、

「あなたにはついていけません。頼まれた仕事はしたくありません」

と切れちゃったそう。私はこの話を聞いて、

「そんな自分を責めちゃダメ。理不尽な上司が悪いんだから。それに理不尽なことは、言ったほうがいいの。次は切れる前に言いましょう。あなたは悪くない。切れた自分をゆるしてあげて」

と言いました。Aさんは、私の〝自分をゆるしてあげて、あなたは悪くない〟という言葉で救われた思いだったそう。そして、心がスッキリすることで、上司とのわだかまりも消えて、その後は、対等に話ができるようになったそうです。

自分をたくさん褒めること、そして自分をゆるすことで、自信と勇気が湧いてきます。

「私は大丈夫！」

ってね。シングルにとっても、シングルじゃなくても、必要なことです。

3-4

相手を褒める技術でハッピーを倍増させる

自分を褒めることができるようになったら、今度は出会う人みんなを褒めてあげてください。仕事でもプライベートでも、あいさつ代わりに褒め言葉を言ってみるのです。相手を褒める技術を身につけると、いいことがたくさん起きますよ。これは、シングルの強い味方になります。

どんなことでもいいんです。ちょっとしたことでも、とにかく口に出して言ってみてください。言葉のパワーは、恐ろしいほどの効果があるんです。

久しぶりに会った女友達には、開口一番、

「今日のアクセサリー、すっごく可愛いわ〜。とってもお似合いよ」

会社の上司には、

「課長、今朝はとってもカッコいいですね。スーツ姿が決まっている！」

お稽古事の先生には、

「先生のお着物、ステキですね。先生だからこそのセンスですね」

どんな場面でも褒められて嫌な気持ちになる人はいません。相手が喜んでくれたら、うれしいもの。人間関係もスムーズになります。

何を褒めるか迷ったときは、その人の〝笑顔〟を褒めましょう。

「あなたの笑顔って、可愛いよね」

「その笑顔見ると、私まで元気になっちゃう」

いいところをひとつでも見つけて、相手と楽しく会話できるようにしていくのです。これは、まさにいいところ探しの訓練。何度も褒め言葉を言っていくうちに、意識しなくても自然と褒めることができるようになるんです。これホント。

不思議なことに褒め続けていれば、相手もあなたを褒めるようになります。自分が褒めれば、宇宙がバランスをとるように相手も褒めるようになるのです。

「髪形変えた？　とっても似合ってるわ」

「あなたこそ、今日はすっごくキレイよ」

褒められると、あなただってうれしいはず。言葉どおりにドンドンキレイになってくるのです。これが言霊のスゴいところです。

褒めることと同時に、励まし方も覚えておきましょう。人を励ますときについつい口にしてしまう「がんばって」は言わないこと。本当にがんばっているときに、さらに「がんばって」は、相手を追い詰めてしまいます。誰だって、その人なりに力を尽くしているんです。

がんばっている人を励ましたいときは、

「がんばっているよね。大変なこと、よくわかるよ」

と言ってください。こんな風に味方になってくれる人がいると、安心するものです。気にかけてくれてうれしいって、思うはずです。

結婚している、していないにかかわらず、人とのお付き合いは大切なこと。でも、特にシングルだからこそ、孤立しないで人付き合いを楽しみたいものですよね。

「褒め言葉」と「励まし」で、人間関係がスムーズになります。

3-5 メールや電話で一言加える「感謝しています」

「感謝しています」は、私の会社では合言葉のように使われています。でも、日ごろ使っていないと、なかなかすぐに口に出せないという人もいるようです。

そこで、まずは仕事のメールで活用してみてください。最近は、実際声も聞かずにメールやSNSを介して、会ったことのない人と、さまざまなやり取りを行ないます。特に、商品の取り引きや物事の交渉、書類のすり合わせなど、メールで行なうことは山のようにあります。メールでの文章で心証を悪くして、商談が破談になってしまうことだってあります。

仕事をスムーズに進めるためにも、言葉選びは慎重にしたいもの。その中でも、「感謝しています」は、とびきりおすすめの天国言葉です。

「大変お世話になっております。ご連絡いただき、感謝しております」

と冒頭で使ってもいいですし、

「いつもお心づかい、感謝しております」

「今回の件では、心よくお受けいただき、感謝いたします」

など、文章の流れの中に取り入れてみてもいいでしょう。

電話でも、ぜひ使ってみてください。

「本日は大量に受注いただき、感謝いたします」

「事前に資料をまとめていただき、感謝します」

〝ありがとうございます〟より、丁寧で上品な響きに聞こえます。

メールや電話でのやりとりだけでなく、相手に直接会う機会があったら、

「いつもメールで失礼しております。本日はお会いできてうれしいです」

「お電話ばかりで、申し訳ありません。いつも適切な指示をいただき、感謝しております」

と笑顔でお礼を言います。この一言で、あなたの印象はさらにアップしますよ。

シングルを貫き、仕事をしていくためには、処世術は必須です。上司に言われたことだけをするのでは、自分の成績アップにはつながりません。自分は会社のために何ができるか、どうすれば会社の利益につながるのか、よく考えて行動してみましょう。

「感謝します」「うれしいです」「楽しく仕事ができています」など天国言

葉を上手に取り入れて、仕事相手に気に入られることも大切です。そういう人は必ず成功します。

メールで感じがいい人は、電話でも印象がいいはず。そして、会ってみればさらに好印象……そんな人は仕事がうまくいくだけではなく、恋だって、プライベートだって、おもしろいほどうまくいきますよ。

3-6 どんなときも堂々と「ついてます」を合言葉に

年ごろになると、男女関係なく聞かれるのが、

「ご結婚は？」という質問。

「いえ、結婚はしていないんです」

と答えると、なんか負け組に思われてしまう。これって、悔しいですよね。私たちは、あえて、シングルを選んでいるのです。そのことをわかってもらうためにも、まずあなたがいつも幸せを感じていなければ、ダメですよ。

「大好きな仕事でお金がいただけるのはうれしい！」

「自分の自由な時間を目いっぱい使えるのは、独身だからこそ！」

そういう思いで、毎日を過ごしていれば、

「結婚しなくて寂しくないの？」

と言ってくる人もいなくなるはず。

とは言うものの、営業成績が上がらない、カレとうまくいかない、家族が病気になってしまったなど、悩みはあるものです。つらいことだってありますよね。

イヤなことが起きたとき、「最近、ついてないな」と思ってはいけません。「ついてない」は地獄言葉。絶対言ってはいけません。

私からの提案！　どんなにつらいときでも、「ついてる」って言う癖をつけてみましょう。「ついてる」が言いにくければ、「ラッキー」でも「運がいい」でもいいです。悪いことが続いたら、あえて「ラッキー、ラッキー」と口に出してください。

「あなたは運がいいと思われますか？」

ある会社の面接で、こういう質問をした会社があったそうです。さぁ、あなたは何と答えますか？　ここは、間髪いれず、

「私はついてます！」

と言いましょう。

誰だってついていない人を入社させたくないものです。

「ついてます！　運がいいです」

と胸を張って言うのが正解です。「ついてる」と口にしていると、どんどんいいことが起き、「ついてない」と口にすると、ついている人からは嫌われて、さらについていない人生を送ることになるのです。

一人さんはいつも前向き。例えば、一人さんがパソコンを習いに行ったとします。しかし、パソコンを前にやる気がぜんぜん起きません。そんなとき一人さんなら会社の社員にパソコンを渡して、自分がパソコンを操作するのはやめてしまうはずです。

人は「すぐあきらめちゃって、残念だね」って言うけど、その日にパソコンは自分に向かないことがわかっちゃった。それがわかった自分は「ついてる！」って思うんだ。

なるほど、パソコンを勉強する時間を、得意なことに使ったほうが時間を有効に使えます。苦手なことは得意な人に任せちゃえばいいんです。それを知っている一人さんは、スゴいでしょ？

どんなことがあっても「ついてる!」「ラッキー」って言ってみましょう。きっとあなたにステキなことがドンドン起こりますよ。

第4章

プロの仕事人になるための処方箋

4-1 楽しく仕事をするための「演技力」

本音を言っちゃうと、シングルだからといって「仕事一途にがんばりなさい」とは言いません。シングルでも、仕事をしていない人はいるはず。親がお金持ちであれば、仕事をしないで暮らしてもいいですし、援助してくれる男性がいれば結婚という形をとらずに暮らしを助けてもらうことだってできます。

結婚という契約に縛られないということが、シングルの強み。自分で生きていければ、それでいいのです。

ただ、仕事をしなければならないのなら、覚悟を決めること。楽しみながら、その世界のプロフェッショナルになってください。そして、がっちりと稼いで、社会に貢献できる仕事をしてください。

収入が多ければ多いほど、多くの税金が払えるでしょう？　税金を払うことで、不特定多数の多くの人を助けることができるのです。

全国累積納税額日本一の一人さんも、よくこんなことを言っています。

お金持ちになりたいわけじゃないんだ。

たくさん税金を払って、人の役に立つことがしたいんだよ。

学校をつくったり、道路をつくったり、ね。

税金を払うために、お金を稼いでいるようなものだよ。

誰かのためだからがんばれるし、底力も湧いてくるんですね。人の役立つことをするから、応援してくれる人も増えるのです。

さて、プロフェッショナルの仕事人になるために、とっても簡単な方法をお教えしましょう。仕事を成功させる『アクターの法則』です。

ドラマの中の俳優をイメージして、仕事をしてみるという方法です。今、あなたが受付嬢ならば石原さとみのような清楚で頭のいい受付嬢に、営業マンなら笑顔が美しい北川景子のような営業レディに、部下を持つキャリアウーマンならば天海祐希のようにカッコよく。

もちろん、男性も同様です。西島秀俊のように鋭い上司や、市村正親のような情に厚い職人を見習ってもいいでしょう。できる仕事人を演じればいいのです。想像力を働かせて、髪形やファッションも真似て、アクター気分でふるまうのです。

職場の中でも、いろんな自分を演じ分けてみてはどうでしょう？　会議の司会をするときはアナウンサーばりの滑舌で、お茶を出すときはソムリエのような美しい所作で、プレゼンをするときは大学教授のように理路整然と。こんな風に仕事をしていけば、毎日楽しく仕事ができるのです。

人生がドラマならば、面白いほうがいいに決まっている。

と一人さん。

「遊ぶがごとく仕事をする」ことが大事。「楽しい」ということが長く仕事を続ける秘訣です。楽しければ、必ずいい成果を出すことができます。

4-2

逆切れする前にやっておく
冷静な「抵抗力」

会社をやめる原因の約40%が人間関係と言われています。仕事の良し悪しより、人間関係が原因で会社を離れるなんて、もったいないですよね。

ワンマンな社長、暴言を吐く上司、嫌みを言う同僚、わがままな部下と、社内だけでも敵がいっぱい。特に上司には、横柄だったり、自分の意見を押しつけたり、パワハラをする人もいます。

私の友人のMさんも、上司の暴言に悩まされていたひとり。

「お前の説明書、何が書いてあるかわからないんだよ!」

「しゃべるときに、苦笑いするの、やめてくんない」

そんな言葉を浴びせられ、返す言葉もなかったMさん。3カ月の間、ずっと我慢していたそうです。でもね、よく考えて！　それでいいのでしょうか？　あなたを粗末に扱う人には断固として、闘うべきなのです。

自分のために、自分が立ち上がるべきなんです。理不尽な目にあったら、

「やめてください」

「それって、どういうことですか？」

って言ってください！

みんな我慢して、〝言い返しちゃいけない〟って、勝手に思っているのです。私はね、こんなとき我慢をしないと決めています。何か嫌なことを言われたら、その場で言う。自分の親だろうが、学校の先生だろうが、上

司に対してもです。不当な扱いをされたら、

「これ、おかしいんじゃないですか～」

ってね。強く言わずに、やんわり言い返すのがポイントです。これができるのは女性の特権。ここでは、可愛い女の子を演じちゃいます。

男性の場合も、ちゃかさずに、でもやわらかく、

「ぼくは違うと思うんです」

「その言い方は、ちょっとヘコむんですけど……」

と言ってみましょう。


我慢しちゃいけないよ。我慢からは恨みしか生まれない。恨むことで、人は病気になってしまうんだ。

私が一人さんから教わったことです。

自分が思っていることをきちんと伝えないでいると、そのうち我慢しきれずに「逆切れ」することになります。先ほどのMさんも、トラブルがあったあと、上司の「もう、すべて君に任せるよ。その代わり責任とってくれ」の一言に「あなたの態度に我慢できません。もう、あなたとは仕事はできません」と逆切れ。その日のうちに会社をやめてしまったそう。我慢に我慢を重ねた結果だったようですが、切れてしまう前に、上手に抵抗していれば……と残念でなりません。

解決方法はひとつ。逆切れしないよう、自分が冷静なうちに、きちんと伝えることです。イヤなことは、アリんこぐらい小さいうちに、くぎを刺しておくこと。象のように大きくなってからでは、めんどうですからね。

4-3 「逃げる力」で危機を乗り越える

『逃げるは恥だが役に立つ』というドラマが流行《はや》りましたが、まさにこの言葉どおり。危険を感じたら、逃げることも大切です。

逃げて、恥をかくなんてたいしたことないのです。ビジネスでも、プライベートでも、見栄やプライドを捨てて、「逃げる」決断力は必要です。

例えば電車の中で、どう見ても怪しげな人がいたら、どうしますか？

私はあと1駅で降りるとしても別の車両に移ります。なるべく、危険な場所からは離れていたいからです。悪い波動があるところにいると、自分ま

で悪い波動を受けてしまいます。

もちろん、その人が他の人の迷惑になることをしていた場合、駅員を呼んだり、手助けはします。でも、近くに寄らないよう自分の立ち位置を考慮します。

仕事も同様です。何か引っかかることがあれば、潔くやめます。トライしないという選択も必要です。

「銀座まるかん」では、新しいアイデアはドンドン取り入れますが、間違えだとわかった場合は、即座に撤退します。

もちろん、決断までには、ひと通りの工夫は必要です。例えば、新発売の食用オイルを宣伝するとしましょう。口コミで広がらないようなら、チラシをまき、チラシでも売れないようなら、ホームページで広めてみる。実演販売したり、主婦を集めて座談会を開いてみるのもひとつのアイデアでしょう。ツイッターやフェイスブックなどで拡散して、全国に告知もしてみます。あの手この手で、売れるような工夫をしていきます。でも、ある程度的を射たアイデアなら、きっと成果が現れるでしょう。ここからが決断！　大損をする手を尽くしても、売れないとわかったら、ここからが決断！　大損をする前にあきらめること。これこそ「逃げるは恥だが役に立つ」です。

恋愛も同じこと。借金取りに追いかけられている彼と、長く付き合っているのは危険です。また、自分を大切にしていない人もアウトです。いつも暗い顔をしている人と付き合っていても楽しくはないでしょう。パートナーといても楽しくないなら、深入りする前に、逃げることです。

結婚していては簡単に逃げることができませんが、シングルなら別れるのも簡単です。結婚や離婚って、契約ごとなので、手続きがすごく大変だそう。その点、シングルは手続きもなく、別れることができます。

仕事も、恋愛も「逃げる決断力」を身につければ、危機を回避することができます。快適にシングルを生き抜く処世術です。

4-4

職場で絶対必要な「笑顔力」

仕事をしているとき、あなたはどんな顔をしていますか？　眉間《みけん》にしわを寄せて、難しそうな顔をしていないかしら？　仕事をする上で、まず〝笑顔〟と教えてくれた一人さん。こんな名言があります。

笑顔の練習をするって大事なんですね。

普段、笑顔の少ない人は、笑顔をつくる筋肉が落ちているから、自然に笑えない。

だから、笑う練習は必要なんです。
笑顔が美しければ美しいほど、感じのいい人になります。
あなたが笑顔であいさつすれば、相手は「この人いい人ね」と思うでしょ。
笑顔があれば、人と気持ちよく付き合えます。
相手によって接し方を変えたりせずに、誰に対しても。
どんなときも、いつも同じ笑顔。
それが、人間関係を一番よくするコツ。

本当にそう、笑顔でいれば人は自然と寄ってくるものです。笑顔が苦手なら、笑顔の練習をしましょう。鏡を見て、口角を上げて、歯を見せて、ニコッとね。私は毎朝、鏡を見て、笑顔の確認を欠かしません。

寝起きでなかなか笑顔になれないときは、大好きな韓流アイドルにあいさつをするイメージで、

「おはよう〜」

と声をかけてみます。不思議なんですが、自然と笑みがこぼれてくるんです。好きな人に声をかける気持ちでいると、笑顔は上手につくれそうですね。まずは、鏡に向かうことから始めてみましょう！

アクセサリーデザイナーのIさんは、一人さんの本を読み、笑顔の大切さを実感。毎日笑顔で出勤することを心がけたそうです。すると、その笑顔が職場で評判になり、すぐにチームリーダーに。取引先でもIさんの業績が認められ、大口の取引を受注しました。さらに、デザインしたアクセサリーが世界のマーケットで販売されることになり、みるみる運が開けていきました。「君の笑顔が、仕事の幸運をもたらしたんだね」と上司にも

褒められたそう。笑顔の力は、驚異的でしょ。

もし、あなたに部下がいたら、部下に対しても笑顔でいるよう心がけてみてください。偉くなったからと、仏頂面《ぶっちょうづら》で仕事をしてはダメですよ。

上司は、部下の気持ちをリラックスさせて、「毎日会社へ行くのが楽しい」と思ってもらえるよう、いい雰囲気をつくってあげるべきなんです。

笑顔ひとつで、場がなごめば、うれしいもの。笑顔で会話をすると、自分だってラクなはず。もちろん、部下たちも上機嫌で仕事をしてくれます。

あなたの「笑顔」で、仕事も、人間関係も上向きに変えてみましょう。

4-5 自分ができることを磨く「実行力」が道を開く

人には誰しも、得意なことと苦手なことがあるものです。

私は、洗濯や料理など家事全般が不得意。だからでしょうか、主婦になりたいと思えなかったのです。結婚すると家事をしなきゃいけないような気がして。それが嫌だったのです。

その代わり、人前で話をすること、そしてメイクをすることは小さいときから大好きで、みんなから「上手だね」って褒められていました。

今では、「銀座まるかん」で一人さんの開発したメイク用品や健康食品を広めるほか、「美開運メイク」や「セミナー講習会」などの講師としても活動しています。得意なことしかしないで、しっかり稼いで暮らしています。すっごく幸せ者でしょ。

苦手なことはしなくていいよ。
できないことは無理してやらなくていいんだよ。
自分にできないものは、自分にいらないものなんだよ。

これは、一人さんから教わったこと。かく言う一人さんも、「できることしかやらない」を貫いて、成功しています。

社長という役職にもかかわらず、営業をしたことがありません。一人さんを慕う人たちが自然と集まって、一人さんが作る商品を広めてくれるんです。一人さんの会社は、たった5人の有能な社員が切り盛りしています。

「私は一人さんのように社長じゃないから、そんなことできません。会社では、やりたくないこともやらされるんです」

と不平を言う人もいそうですよね。そんなときは、一人さんのこの言葉を参考にしてください。

頼まれたことで、自分ができることは嫌がらずにやる。

できないことを頼まれたら見栄を張らずに、

「できない」って言うしかない。

「今すぐコンピューターやれ」って言われたら、私にはできない。

でもできそうなことなら、一生懸命やるだけ。

できないことは、無理にやらない、できることはがんばってやる。うん、これなら、できそうですね。

例えば、ハガキ整理は苦手でも、宛名書きが上手というあなた。ハガキ整理をさせると、人の倍以上時間がかかってしまう。これは、非効率です。ハガキ整理は整理好きな人に任せ、得意な宛名書きをしたほうが効率的なはず。きちんと上司に伝えれば、得意なほうをやらせてくれるのではないでしょうか？

また、上司なら、部下の適性を考えて仕事を頼むべき。これが会社の利益にもつながります。その代わり、宛名書きが得意な人は、それを極めて、誰よりも美しい宛名を書けるよう腕を磨いてほしいですね。

得意なことを伸ばして、それを突き詰めると、必ず道は開けます。お金も時間も自由に使えるシングルという特権を生かして、自分の得意なことをめいっぱい磨いてください。

自分を大切にして、自分を高めていけば、やりたい仕事、役立つ仕事が、きっとあなたの前にやってきますよ。

4-6

つらいこと、イヤなことは溜めない「絶叫力」

上司に怒られて落ち込む、同僚に嫌味を言われる、落ち込んで家に帰れば、親に小言を言われる。

他人に何かをされて、イヤな気分になることは、誰でもあるはずです。こうした不満を溜め込んでしまうと、いい運はやってきませんよ。

人に対しての不満って、我慢していると、恨みに変わってくるんです。人を恨んでもいいことはありません。不満は不満を呼び、不満になるようなことが次々起こってきます。

もし、相手の行為や言動がイヤだと感じたら、

「今の言い方は傷つきました」

「もう少し、冷静に教えていただけませんか」

と、イヤな部分をその場で伝えるべき。

自分の思いをきちんと伝えれば、相手に不満を持ち続けなくてすむでしょ？

ただね、今まで我慢し続けちゃったんだよね。うっぷんが溜まりに溜まっている状態の人は、なかなかイヤな気分から抜け出せないものです。

そんな不満は、一度吐き出しちゃいましょう。うまく発散すれば、スッキリ次に向かうことができるはずです。

今、私が行なっている「セミナー講演会」のワークでは、ストレスを解消するコーナーがあります。

「部長のバカヤロー、イヤな仕事ばかり押し付けるなー」

「課長のいじわる！　私にばっかり文句言わないで」

「わがまま過ぎるお父さんなんて、もういらない」

こんなふうに参加者は、溜まってしまったイヤな気持ちやストレスを発散させます。大音量の音楽の中、言いたいことを叫ぶ。明るく、笑いながら、心の大掃除をするんです。

不思議ですよ。ワークのあとは、モヤモヤが消えて、みんなは輝くばかりの笑顔になるんです。

もちろん、1回のワークでは取り切れないうっぷんもあります。だから、私の講演会はリピーターが多いんです（笑）。3年間で累計、1万人以上の方が来てくれています。

ただし、講演会に参加できなくても大丈夫。大きな声が出せれば自分の部屋でもいいし、海でも山でも叫べるところで叫べばいいんです。都会なら、カラオケルームを利用してもOK。

こうして心をリセットしていけば、我慢をしなくなり、人を恨むことはなくなるはずです。

人を変えることはできないけど、自分の「思い」を変えることはできます。「思い」が変われば、イヤな上司も出てこないし、面倒な同僚も近寄ってきません。イヤな人が出てこない世界へ行くことができるんです。そのためには、イヤな人がいる〝自分〟をゆるしてあげることが大事なんです。

そして、心の大掃除をすることで波動が変わり、人生がよりよい方へ向かいます。〝理不尽な思い〟を自分にさせない。言うべきことはちゃんと言う。それが幸せに生きるコツです。

第5章

シングルだからこそ恋愛が自由で楽しい！

5-1 気になる人には自分の理想のタイプをそれとなく話す

結婚していないのだから、好きな異性はいくつになっても、何人いてもいいと思います。恋愛は自由なもの！　婚姻届けという縛りがないのだから、好きなように、人生楽しんじゃえばいいと思うのです。

シングルだからこそ、時間もお金も有効に使うことができます。毎日好きなことをしても、誰にも文句は言われません。

シングルを楽しむためには、家に引きこもっていては出会いはありません。恋人どころか、仲間までつくれなくなりますよ。

ところで、あなたは、どんな異性に惹かれますか？　目鼻がはっきりしたイケメンが好きな人もいれば、同じ趣味や哲学を持つ人に惹かれる人もいます。人の好みはそれぞれですが、選んでいい人と悪い人がいます。ここだけは、押さえておいてください！

男性で一番ダメなのが、暴力を振るう人。どんなにカッコよくても、優しくてもダメですよ。あなたの心だけでなく、身体を傷つける人は絶対ダメです。さらに、お金にルーズな人も気をつけたほうがいいでしょう。もちろん、働かない人に誠実な人はいません。

女性では、自分を大切にしない人はおすすめできません。外へ出るときは、キレイにして自分を磨いている人がおすすめです。そして、「私なんか」「私はダメだから」など、自分を卑下するような言葉を使う人はNG。いつも、前向きで自分を大切にしている人を選んでくださいね。

天国言葉を使っているあなたに対し、否定的なことを言う人はやめてくださいね。2人でポジティブな会話ができないのであれば、付き合っていて楽しくありません。

もし、あなたに気になる異性がいるなら、あなたが苦手なタイプをそれとなく話しておくと効果的です。

「暴力を振るう男の人は、信じられないわ」

「束縛する女性は苦手だな」

こんな風に口にしておくと、相手はあなたのタイプを認識するはずです。

また、結婚を望んでいない場合は、きちんと伝えておきましょう。

「家事が得意ではないから、結婚しなくてもいいと思っているの」

「あまり結婚には興味がないんだ」

相手があなたでは難しいと思えば、それ以上近づいては来ないはずです。お互い、同じ思いでいれば、恋愛は長続きするでしょう。

私の場合、いろいろな経験を重ねた今、自分の言いたいことを言って、それでもいいと言ってくれる男性なら、お付き合いを考えます（笑）。マグロ狙いです！

とにかく、仲間といることが楽しくて、仕事が大好きで、忙しく走り回る私にとって、恋愛は二の次になっています。ただ、いつ白馬に乗った王子が現れてもいいように、いつもつやを忘れず華やかにして、笑顔を絶やさないよう、心がけています。

女性も男性も、見た目をよくして、笑顔をキープしていれば、いくつになってもモテモテでいられます。これ、本当ですよ！

5－2

「ひとりでも幸せ、2人でも幸せ」が鉄則

私は結婚が絶対悪いという、結婚反対論者ではありません。いい相手が見つかり、結婚をしたいと思えば、それもいいと思っています。

人の結びつきは前世から約束されているので、誰が何と言おうと変えることはできないからです。その人が結婚したほうが「幸せ！」と思えば、したほうがいいに決まっているのです。惹かれ合う運命なので、そんなときは、「やめたほうがいい」なんて言いません。ぜひ結婚してみてください。

ただ、結婚するときに気をつけなくてはならないのは、次のような気持ちでいること。

「今、ひとりは寂しいから誰かと暮らしたい」

「仕事を失って生活に困っているから、結婚してラクになりたい」

「家のことをやるのが面倒だから、主婦が欲しい」

「親戚や会社の上司がうるさいから、そろそろ身を固めたい」

こんな気持ちでは、誰と結婚しても幸せにはなれません。

寂しい人が選ぶ相手は、同じように寂しい人なのです。寂しい人同士が結婚しても寂しいが2倍になるだけ。「寂しい」の穴を埋めることはできません。

〝今、自分は十分に幸せだけど、この人といるともっと幸せ〟

そう思える人がいたら、結婚するべきなのです。シングルで暮らしていても幸せだと感じる人こそ、結婚しても幸せになれるのです。また、相手もそういう人でなければ、結婚生活は続けていけません。

「あなたが元気でお仕事してくれるから、私は幸せよ」

「明るく可愛い妻がいて、本当に幸せだ」

口に出して、きちんと幸せを確認してください。こんな2人でいられれば、結婚も悪くはないものです。

もし結婚生活の中でつらいことがあったら、自分は何がイヤなのか、何がつらいのか、自分の気持ちを我慢せず、正直に認めてあげてください。そして相手にちゃんと伝えることです。ただし相手を変えることはできません。お互い歩みよれるところは歩みよってそれでも、〝幸せ〟と思えなかったら、その人との結婚生活には向いていなかったのですから、くよくよせずにシングルに戻ることです。離婚することは悪いことではありませんよ。


自分に起きたイヤな現象は、罰ではなく神の愛なんだよ。

「自分のためになっていない想いや生き方はやめなさい」と教えてくれているんだ。


と一人さん。

イヤな生き方はやめて、幸せに向かって再出発です。シングルは、ホントに楽しいですよ〜。

「よく戻ってきたね。おめでとう」「絶対、幸せになれるよ〜」

と両手を広げて、私はあなたを出迎えます。

5-3 結婚する前に、ぜひ一緒に住んでみて！

あなたにもし、理想的な人が現れて、プロポーズされたらどうしますか？　そしてあなたも「この人となら結婚してもいいかも」と感じたら……。そんなときは、一歩とどまって！　ぜひ結婚前に一度、一緒に住んでみてください。

2人が盛り上がっているときは、相手のすべてが輝いて見えるもの。でも、結婚してからは欠点が見えてきて、「しまった、この人とは合わない」と思っても、後の祭り。離婚するのは経済的にも、心理的にも負担が大きいものです。一度籍を入れてしまったら、抜けるのは容易ではありません。我慢しなければならないことが多々あるのです。同棲は、離婚しないためのお試し期間と思ってください。

この期間に、ぜひ相手の行動を観察してください。言葉の使い方、お金の使い方、あなたへの態度など、じっくりチェックしましょう。半年も一緒にいれば、よくわかるはずです。

この時点で、難しいようならば、早めに別れることが大切です。愛情が続いているならば、結婚してみるのも悪くはありません。

一人さんから教わったのですが、結婚とは人生の修行なのだそうです。一番相性が合わない相手、一番意見が合わない相手と惹かれ合うように定められているんだとか。相手の目を見て、声を聞くと、ビビッときてしまう。それが修行相手なのです。

チャペルの鐘は、修行が始まるゴングでもあるのです。だから「人生の修行をするなら、この人！」と決めて結婚することが必要ですよ。ただし、何があっても相手の性格を変えることはできません。お互いに歩み寄ることは大切だと思いますが、自分を押し殺してまで相手に合わせる必要はないのです。

私は、結婚という修行に挑みたくないし、もっと自由でいたいので、シングルを選んでいるのです。

〝結婚をすること〟〝結婚をしないこと〟どちらの道を選ぶにしても、女性は強い意志を持っていなければ、楽しく生活はできません。

世の中には2種類の女性しかいないんだ。知ってるかい？
1種類は「強い人」。そして、もう1種類は「ものスゴく強い人」。

できれば、「ものスゴく強い人」になってほしいね。

と一人さん。

男性は、ものスゴく強い人に惹かれるそうです。母親のような、ね。意志が強くて、何事にも動じない、自分に自信がある人は、なにがあっても大丈夫。困るようなことは起こらないのです。

女性なら、そんな「可愛くて、ものスゴく強い人」になりたいものです(笑)。

5-4

不倫はダメと言うけれど……

不倫が週刊誌をにぎわせていますが、私は奥さんのいる人を好きになっちゃいけないとは思っていません。私に不倫の相談があったときは「前世から決められているからしょうがないんだよ」と答えます。実際、そう思っています。バレないように気をつけてね、とは言いますが……（笑）。

奥さんを大切にしながら、愛人に尽くしている男性もいるもの。よく見てみると、奥さんも旦那様に満足し、愛人も愛人として、幸せに暮らしているのです。

世界を見回すと、何人もの女性と婚姻できる国もあるし、愛人がいるのが普通という国もあります。そのような一夫多妻だけでなく、多夫一妻という民族だっているそうです。日本だって平安時代は通い婚だったし、大奥のように何十人もの愛人を城に囲っていた時代もありました。

そもそも、不倫を罪にしたのはどこかの王様。そして、結婚や離婚も自分たちの都合でつくった法律なんです。その都度、市民が時代に振り回されてきたのです。それに、男性が男性を、女性が女性を好きになってもいいじゃない。今、ようやく恋愛が自由になってきたんです。

私が言いたいのは、人が惹かれ合ってしまったら、もう誰が反対しても、仕方がないということ。自分の意思ではどうしようもない運命だから、これを受け入れて、登場人物みんなが「幸せ」でいられるように、お互いが配慮すればよいのでは、と思うんです。

ただ、不倫の場合、心配なのは、〝不倫した自分〟または、〝不倫されてしまった自分〟を責めてしまうこと。自分を責めてはダメです。どんな場合でも、これは運命だったと思って、自分をゆるしてあげましょう。

未熟な自分の行動を「消そう」「消そう」とすると、心は逆にマイナスの想いをつかんでしまうからです。

なにがあっても、

自分を愛して、そのままの自分をゆるします。

と言ってあげましょう。これは、一人さんから教わった大事な言葉です。

ダメな自分、できない自分、情けない自分、どうしたって好きになれない部分もひっくるめて、全部、自分を愛することから始めるんだよ。

ゆるせない人がたくさんいるほど、もっともっと自分の味方をしてあげるんだ。自分を愛し、未熟な自分をゆるすことを努力してみてごらん。それを覚えたとき、ゆるせない相手のことも、このままでいいんだよって、心から言ってあげられるような人間になるから。

何があっても自分の味方をするんだよ。自分のことを責めたり、嫌いになっちゃいけないよ。誰に責められても、自分だけは一番の味方になってあげよう。

そして言霊を唱えるんだ。

「もっと自分を愛します。そのままの自分をゆるします」

言っているうちに、無条件で未熟な自分をゆるし、このままに愛してくれる存在をそばで感じることができるんだ。本物の愛を探し求めてきたけど、なんだ自分の中にあったじゃないか！　ってね。そして、この自分に生まれてきた喜びがやってくるから。

どんな状況でも、自分を愛してあげること、自分の味方になってあげることなのです。恋愛に限らず、なにかつらいことがあったときは、自分をキュッと抱きしめて、「よくがんばっているね。大好きだよ」と声をかけてあげてください。

5-5 別れたら自信を持って次の人へ

結婚していない場合、パートナーとの別れは簡単にやってきます。一緒にいたくないと思えば、結婚している人よりは、すぐに別れられます。もし、恋人に別れを告げられても相手を縛ることも縛られることもありません。シングルの場合、紙切れがないぶんとても簡単です。

そしてそんなとき決して、自分を責めてはいけません。ただ単に、縁がなかっただけ。相手を引き止めても、いいことはありません。

「私の魅力がわからなかったのね。もったいない！」

「僕とは合わなかっただけ。次の人を探すよ」

と潔く気持ちを切り替えること！

自分が悪いのではないかと、いつまでも思い悩むのはムダなこと。なぜなら、もっともっといい人に出会うチャンスができたのだから！

今こそ、「ついてる！」「運がいい」ってポジティブに考えるのです。

すべての人があなたを否定したのではありません。そこを、間違ってはいけませんよ。

振られたことに限らず、就活で失敗したり、仕事で損失を負ったり、友人に悪口を言われたり、自信を失う場面は多々あります。

自信を失ってしまいそうなときは、「自分はスゴい！」って言葉に出して言ってみてください。これも一人さんからの教えのひとつ。

人ってね、誰でもスゴいんだよ。ただそのことに気がつかないだけなの。

「自分はスゴい！」っていうことに気がついた人から実はとんでもない奇跡を起こせるんだよ。

「自分は、スゴいんだ！」って1日に100回言ってごらん。

「自分はスゴい」ってぜんぜん思えなくてもいいの。

ただ、口で言うだけでいいの。

言い続けると、あなたの意識は確実に変わっているよ。

「自分は、スゴいんだ！」っていうことが身に沁みてわかるから。

「自分は、スゴいんだ！」って生まれて初めて気づけるから。

そのとき、あなたの人生も、変わってくるの。

あなたの人生が変わるとね……

お金、良好な人間関係、健康な体、すばらしいチャンス、ツキ、運気……

そういったものがまるで「雪崩のように」集まってくるんだよ。

これは、「自分は、スゴいんだ！」と気づけた人にだけ起こる奇跡なの。

一人さんの言うとおりにすると、本当に奇跡は起こります。私にも、スゴい出会いや、スゴい仕事が舞い降りて来ました。

何かあっても、自分に自信を持って！　自分を「スゴい」と言えば、シングルでも、結婚していても、イヤなことは起こりません。

5-6 バツイチやシングルマザーは「幸せ復活犬」

結婚して、子どもがいると勝ち犬、結婚もしていなくて子どももいないと負け犬と呼び、「負け犬の遠吠え」という言葉が10年以上前に流行語になりましたが、覚えていますか？　今となっては、ナンセンスとしか言いようがありませんが、そのころのアラサー、アラフォーの女性にとっては「結婚して、子どもがいること」が幸せのバロメーターになっていたのです。

でも、時代は変わりました！　今や、3組に1組が離婚しています。離婚歴がある人は、特別ではありません。一度や二度の失敗にくよくよする必要もなくなったのです。そして、シングルに戻っても、負け犬なんかじゃない！　あえて言うなら「幸せ復活犬」です。

私の周りの情報だと、バツイチは、すごくモテるらしいです。特に、年下の異性に好かれるよう。いい時代ですね。ただ、あえて再婚はしないで、シングルを謳歌《おうか》している人が多いんですよ。

離婚して、さらに子どもを引き取ったシングルマザーやシングルファザーも、今や珍しくはありません。子どもがいると〝大変だね〟と言われるかもしれませんが、それもお門違い！　愛せなくなったパートナーと別れることができて、最愛の子どもと暮らせる……こんな幸せはありません。

ただ、子どもがいて苦労をするのは、経済的なこと。子どもを育てながらも、きちんと仕事をし、生活をしていくことは、並大抵のことではありません。こんなとき「誰の力も借りずに、私ひとりで育てていく」なんて、考えはダメですよ。社会福祉の援助はできるだけ受けて、ご家族や兄弟、仕事場の同僚など周りの人にもフォローしてもらうことが大切です。他力を味方につけて、多くの人を巻き込んで、子どもを育てていくことです。

シングルに限らず、楽しく子どもを育てるために、何が必要か教えてあげましょう。

あるテレビで放送された【小学生100人に聞いた両親への本音】です。

1位 怒らないでほしい

2位 もっとおしゃれしてほしい

3位 好きなものを食べさせてほしい

4位 スマホがほしい
5位 かまってほしい

私が注目したのは、2位の「もっとおしゃれしてほしい」という項目。ママやパパがキレイでいることって、子どもにとってすっごくうれしいことなんです。たとえ、大変な状況であっても、メイクをして、きちんとした格好で子どもを迎えてあげてください。ママやパパがキレイで、幸せそうだと、子どもも安心するものなんです。

神様はね、キレイなものが大好きなんです。
心のキレイな人、見た目がキレイな人が何より好きなんです。
それは何でかと言うと、人はキレイなものに憧れるようにできているんです。

そして、キレイなものを見ると安心するようにできているんです。


と一人さん。キレイなものを見ると、神様も人間も安心なんですね。

子どもに対しては、言葉の使い方にも気をつけてほしいもの。

「お金がないから大変」「あなたがいるから生活が苦しい」なんて、口が裂けても言わないでほしいんです。

「あなたと暮らして、楽しいよ」「いっしょにいてくれて、ありがとう」と子どもに感謝の気持ちを言葉できちんと伝えてあげましょう。

あなたが前向きな気持ちでいれば、片親であっても子どもは不安にならずに、伸び伸びと成長することができます。

第6章

シングルを楽しむための自分の磨き方

6-1 太陽のパワーで運を引き寄せる

誰にでも、会社に行きたくない、今は人に会いたくない、本当に疲れ切っているって感じることがありますよね。がんばり過ぎて、エネルギーが不足している証拠です。きちんと補給してあげることが大切ですよ。

時間があれば、リゾートホテルに行ったり、旅館でゆったりすれば、リフレッシュになるものですね。パワースポットへ行ったり、滝に打たれたりすると、大きなエネルギーをもらえると言う人もいます。もちろん、自分がやりたい方法でよいのですが、すぐに行きたい場所に出かけることはす。

できないもの。

そこで、私が日々行なってるエネルギー補給の方法をお教えしちゃいます。

ひとつめは、太陽をしっかりと浴びて、太陽のエネルギーを心に注入する方法です。まずは親指と親指、人さし指と人さし指を合わせて、親指側を下に向け、滴《しずく》のような輪をつくり、太陽にかざします。太陽をこの輪の中に入れて、眉間《みけん》（第三の目）に当てるのです。そして、

「ありがとうございます、感謝します」

感謝の気持ちを心の中で言いましょう。このとき直接太陽は見ないように気をつけてくださいね。太陽には、天照大御神《あまてらすおおみかみ》という神が宿っていると言われています。太陽の光からは、大きな強いエネルギーがもらえます。とくに、まぶしくない朝日と夕日のエネルギーは絶大です。太陽を見

たときだけでも一度試してみてください。その日はきっとパワフルに過ごすことができますよ。

2つめは一人さんが教えてくれた『ゆるめる法則』。これは、心をリラックスさせる効果的な方法です。

神経を高ぶらせている人や、心の中に焦りがある人が多いんだ。
心が張ったままでは、あるときプツンと切れちゃう。ゴムのようにね。
そうなる前に、こういうときは、身体をゆるめてあげることだよ。

と一人さん。人は緊張したり、不安に感じたりすると、血管が締まり、毛細血管に血液が行きづらくなり、肌細胞にも十分な血液が行き渡らなくなると言われています。身体をゆるめることで、血流もよくなるのです。

身体をゆるめるのに、最適なのが「深呼吸」。正しい呼吸法で深呼吸をして、リフレッシュしてみましょう。まず口から大きく息を吐く。ため息のように「はぁ〜」と吐いてもいいです。すべて吐き切ったら、その勢いで鼻からゆっくり息を吸っていく方法。これを3度繰り返せば、緊張がゆるんで、心も落ち着いていきます。

また、「あくび」も意外に効果がありますよ。思いっきり「あ〜あ」と声を出しながら、あくびをしてみてください。身体がゆるむとともに、心までゆるんできます。深呼吸やあくびなら、いつでも気軽にできますね。

パワーを注入し、ストレスを解消することで、一日元気に過ごすことができます。疲れを溜めずに、パワフルに過ごせる方法を身につけてくださいね。

6-2

お金を大切にすれば、お金に愛される人になる

シングルで生きていくには、やはりお金は不可欠。大きな会社に勤めていても、病気をして働けなくなったり、不動産を持っていても、急に価値が下がることもあります。

ただし、お金に好かれていれば、お金に困ることはありません。

お金に好かれるための秘訣を紹介しましょう。まずは、ついつい言ってしまいがちな「お金がないからお金が欲しい！」という言葉。この「お金がない」は厳禁ですよ。〝お金がない〟と言っていると、本当にお金がな

い状態を引き寄せてしまいます。あなた自身がお金に嫌われて、お金がなたのところへ戻ってこなくなります。お金に好かれるには、お金に感謝して、大切に大切に扱うことです。

がんばって働いたお給料が通帳に入り、そのお金をおろしたら、「私のところへ来てくれてありがとう」とお礼を言ってみてください。また、物を買ってお金を支払ったら「払えるお金があるって、ありがたいこと。お金さん、感謝します」とお金に感謝してみてください。

お金を大事にしてくれる人のところには、なんと〝お金〟という仲間を連れてやってきてくれます。それを知ったら今までお金を雑に扱ってきた人も丁寧に扱うようになるはずです。

さらに、お金には心地よい居場所を提供してあげること。あなただって、ごみ屋敷のような場所に住みたくないでしょ？　お金もレシートやカードでごちゃごちゃになったお財布の中には入りたくないのです。長い間、心地よくいてもらえるように、お財布の中はキレイにしておくことが大切。

また、お札は向きをそろえて、キレイに入れておきます。お財布の色は、何色でもかまいませんが、自分が持っていてワクワクするような、お気に入りのデザインがおすすめ。ちなみに、今の私は、鎖のついたブランド物のお財布を持っています。

欲しいものがあるときは、とっておきの方法があります。家が欲しければ「立派な家をありがとうございます」、車が欲しければ「ステキな車をありがとうございます」と購入する前に、神様にお礼を言っておくといいのです。仕事で成功したい場合は「プロジェクトの成功、感謝します」「社長賞をいただきました。ありがとうございます」という具合にね。

お金を手に入れたいなら「お金を愛しています」って言いましょう。言葉に出して宣言することで、希望が叶《かな》うような行動をするようになります。目標を持って行動すれば、あなたの願いは絶対叶います。

お金を貯めるのは簡単なんだ。稼いだ分より使わなきゃいいんだよ。そうすれば自然に貯まっていくもんだよ。

と一人さん。お金を貯めるためには、見栄を張らず、収入に見合ったお金の使い方をすること。シングルだからこそ、お金を大切に扱い、お金に愛されたいものですね。

6-3 心を癒やす方法を身につける

　ひとりで暮らしていると、何もつらいことはないのに、心に大きな傷を負ったような喪失感に襲われることがあります。何が原因かわからないま
ま、落ち込んだり、涙がこぼれたり……。どうしようもない、孤独感が押し寄せることがあるかもしれません。こんな現象が続いているようなら、あなたの中にあるインナーチャイルドが原因かもしれません。
　インナーチャイルドとは、子どものころに、大人に言われた価値観に支配されて生まれるもの。例えば、やりたくないのに無理にやらされたり、やりたいことを制限されたり、言葉の暴力を浴びたりすることです。子どもはね、矛盾を感じながらも、従うことになっちゃうのです。そして、悲しい気持ちが、大きな傷として残るワケです。

インナーチャイルドに苦しめられている人って、みんなすごくいい子なんです。未熟な大人から受けた言葉の暴力や行動に、嫌だと言えなかった子ばかりです。嫌だという気持ちを持ちながら、ずっと心の中にしまい込んで我慢をしてきた人たちなのです。

それだけではありません。気がつかないうちに親からもらった間違った観念が身についてしまう子もいます。潜在的に持ち合わせた観念が、大人になるにつれ、摩擦を起こして、それが心の傷になっている場合もあります。

大人になってからは子どものころにできた傷を見たくなくて、心のフタをピッタリと閉めています。でもね、その中で、傷はどんどん広がり大きな棘《とげ》になって、ぐさりと心の底に刺さっているのです。

あるとき、この棘がチクチク刺さり、うずくようになる。これがインナーチャイルドの始まりです。フタを開けて、眠っているインナーチャイルドを癒やしてあげれば、棘はいずれ薄れていくもの。だからこそ、この〝癒やす〟という行為が必要なのです。

今回、この本を手に取ってくれたあなただけに、〈インナーチャイルドを癒やす方法〉を教えちゃいますね。この方法は、自分自身で行なうことができるのがポイント。傷を負ったときの子どもの自分に会いに行き、励ましてあげるだけ。「嫌だって思うのは当たり前だよ。あなたは悪くない。大好きだよ」と、そのときの自分に伝えてあげるだけでいいのです。

インナーチャイルドを癒やすことで、神様からいただいた命が、神様と同じようにすばらしいものだと気づきます。そして、自分を大切にできるようになるのです。
誰でも大なり小なり傷はあります。何か心にモヤモヤを感じたときに、静かな部屋でひとりになって、やってみてください。

〈インナーチャイルドの癒やし方〉

❶目をつぶって、自分で自分をキュッとハグして、さぁスタートです。
❷心の中で、お母さんのおなかにいるときをイメージします。
❸生まれたときから始めてみましょう。周りの人はどんな反応だったでしょうか？　みんなは喜んでくれましたか？
❹1歳、2歳、3歳……1歳ずつ大きくなっていってください。何かつらい気持ちを感じたら、その年齢で立ち止まって。そして、悲しい、

寂しい気持ちを持ったら、そのときの出来事を思い出してください。

❺そのとき呼ばれていた名前を思い出して、大人になったあなたが、子どものあなたに声をかけてあげましょう。

〇〇ちゃん、大丈夫だよ。
今、嫌な気持ちだったんだね。
あなたは悪くない。
〇〇ちゃんはいい子なんだよ。
お父さんのわからず屋。
お母さんのバカ！
そう叫んでいいんだよ。
泣いたっていいんだよ。
本当はもっと愛されたかったんだね。

もっと自分のことをわかってもらいたかったんだね。

❻「そのままの自分でいいんだよ。あなたはあなたのままでいい。いっぱい、いっぱい愛しているよ」。そう伝えてあげましょう。

自分を癒やすことで、棘は薄れて、金色に光り、光になって心から抜けていきます。浄化されていくと、棘は肥やしになってあなたを包んでくれます。

❼その先にも、棘が刺さった時期があるかもしれません。今の年齢になるまでゆっくりさかのぼって、心を癒やす作業を続けましょう。

このワークを行なうと、おなかの中にいたときのことを思い出す人、苦しかった思い出を泣き叫びながら語る人、急につらいことが思い出されて気持ち悪くなるという人もいます。とにかく、自分を癒やした人に、いろいろな現象が起こるんです。ただ、癒やされたあとは、多くの人が「モヤモヤがなくなりスッキリした」「心の整理ができた」「自分を愛せるようになった」と、笑顔になるんです。

一度だけでは、浄化できない根深い棘もあります。何度かこの癒やしの作業を繰り返すと、いつの間にか不安な気持ちが消えて棘が薄れていきます。

6-4

誰にも遠慮せず、ステキな仲間との時間を楽しむ

シングルにとって、仲間の存在は大切なもの。女性、男性、年齢も関係なく気の合う仲間がいればいいと思います。ひとりでいても幸せを感じることができ、仲間でいても楽しめる、そんなシングルライフは最高です。

私の場合、一人さんのファンとして、同じ哲学を持って集《つど》える仲間たちがいっぱいいます。今では何にも代えがたい存在です。みんな、旅行へ行ったり、パーティーをしたり、飲みに行くのも大好き。常に仲間たちに囲まれて過ごしています。

パワーが足りないと感じたら、仲間と一緒にKポップアイドルに会いに行きます。私は韓国までライブを見に行くほどのファンです。韓国人男性は色白でスタイルがよくて、すごくカッコいいのですが、中でも「BIGBANG（ビッグバン）」のG・ドラゴンは、小柄なのに迫力満点で、見ているだけでテンションが上がります。元「U-KISS（ユー・キス）」のケビンも魅力的で、私の中で№1。いつもパワーをもらっています。

「銀座まるかん」の仕事仲間とは、仕事のあとの飲み会はしょっちゅう（笑）。ただね、飲み会の中から、新たな仕事のアイデアが生まれてくるんです。また、一人さんのお弟子さんが集まる、年に数回のパーティーは、とっても豪華ですよ。ここでは、趣向を凝らして、みんながドレスアップ！ 一人さんをはじめ、お弟子さんがみんなでおそろいの法被《はっぴ》を着ることもあります。華やかな空間で、仲間と飲んで、しゃべって、踊って……

いいエネルギーをたっぷり補給できちゃいます。

一人さんがドライブ好きなこともあり、一人さんとともにお弟子さんたちとは、車で小旅行をすることも。おいしいものを食べるだけではありませんよ。浅間《せんげん》神社や香取《かとり》神社など各地の神社巡りもさせていただきます。

神社では、神様に「よい講演ができました。ありがとうございます」「毎日楽しく幸せです。この幸せに感謝します」と今までの成功を感謝します。みんなでお参りに行くことで、仲間全員がいい運気をいただくことができるのです。

女性同士の集まりも大切な時間。一人さんのお弟子さんであるみっちゃん先生や宮本真由美社長とは、自宅で女子トークをする仲。お正月に、録りためていた韓国ドラマを見続けて、夜中まで盛り上がったこともありました。おしゃべり大好きな私たちは、話が尽きることはありません。

こんな風に自由に時間を使えるのも、シングルだからこそ。誰にも遠慮をせず、好きなときに、好きな仲間と過ごせるのがひとり身のメリットです。

シングルを続けるために、仲間はかけがえのない宝物。ひとりひとりを大事にして、天国言葉を使っていれば、いつでも楽しい時間が共有できますよ。

6-5 ひとりで暮らす家に帰りたくなるように部屋を整える

シングルのあなたはどんな部屋で暮らしていますか？　〝誰もいないから、少し汚れていてもいいや〞なんて思っていませんか？　ひとりで暮らしているからこそ、自分の部屋を快適な空間にしてくださいね。

物がごちゃごちゃしている場所やほこりが溜まっているところは、陰の波動が出て、その場の空気がよどんでしまうのです。陰の波動が出ている部屋に住んでいると、心がすさむだけでなく、身体の調子が悪くなってしまいます。もちろん、汚いところが嫌いなお金だって、居心地が悪くなって逃げてしまいます。

片付けが苦手な人っていますよね。私もたくさんのお掃除の本を書いていますが、実は片付けや掃除は苦手。でも、キレイな空間で快適に暮らしたいから、いろんな知恵が出てくるワケです。

以前、「片付けが苦手」だった私に一人さんは、

いらない物、使っていない物を思い切って捨てることだよ。

と言って、一人さん流の整理術を教えてくれました。

その方法は「４つの箱作戦」。４つの箱を用意し、家の中の物を仕分けします。一つめの箱には、今現在使っている物、そして手に持ったときワクワクする物を入れる。２つめの箱は、使っていない物を入れるゴミ箱

に、3つめは人にあげるプレゼント用に、4つめは捨てるか迷っている箱にします。そして4つめの迷い箱は、もう一度中を開けて、また4つの箱に仕分けします。これを繰り返していくと、必要な物、捨てるべき物が判断できる、というもの。この「4つの箱作戦」のおかげで、物が少なくなり、必要な物の判断ができるようになりました。

こうして、物を減らしたことで、気持ちまでスッキリ！ 家に帰るのが楽しくなる、そんな空間になりました。物がなくなると、掃除がしやすくなり、キレイがキープできます。3カ月に一度は、仕分け作業をすると効果的です。

とはいえ、忙しくなると掃除をする時間もなくなります。私はそんなとき、専門のハウスキーピングの方に頼むことにしています。苦手なことは、上手な人にまかせる！ が鉄則。専門の方に掃除をしてもらえば、自分では掃除できない場所もキレイにしてくれるし、取り切れないガンコな汚れも取ってくれます。隅々までピカピカです。お金に余裕があれば、専門家にまかせるという方法でキレイを維持することだってできるのです。

こうした快適な部屋の中で、私はネコ2匹と暮らしています。帰宅して、ネコちゃんたちが出迎えてくれる瞬間、とっても幸せな気分になるんです。ネコちゃんと触れ合うひとときは、ほっこり癒やされる至福の時間です。

シングルの暮らし方はさまざまですが、ひとりだからこそ、心地よい空間で生活したいもの。きちんと暮らせば、運は自然と開かれていくものです。

6-6 本はシングルを生き抜く強い味方

シングルにとって、何より大切なのがひとりの時間。みなさんは何をしていますか？　スマホでラインをしたり、PCでネットサーフィンをしたり、DVDで映画三昧《ざんまい》という人もいるでしょう。
シングルの生活を大切にしたいなら、ぜひ、本を読んでほしいと思います。この本を手にとってくださったみなさんですもの、読書の大切さは十分おわかりですよね。本は人の生き方、ものの考え方を教えてくれる宝箱のようなもの。なぜ天国言葉を使うのか、なぜ生まれてきたことに感謝し

なくてはいけないのか、そんな疑問に答えてくれるのも本だと思います。

私がおすすめしたいのは、司馬遼太郎さんの『新史　太閤記』（新潮社）アニータ・ムアジャーニさんの『喜びから人生を生きる！』（ナチュラルスピリット）の2冊です。

『新史　太閤記』は、一人さんが初めて私にすすめてくださった本です。豊臣秀吉の子ども時代から天下を統一するまでを描いたもので、秀吉の冷静な判断力と快活な明るさが伝わる一冊となっています。歴史小説は苦手という人もいますが、「幸せになるための秘策がたっぷり書かれた教本」と思えば読みやすいですよ。この本の中の秀吉は、絶対人の悪口を言わない、何かもらったら体を使って喜びを表現する、人から好かれる術《すべ》を知っている、天真爛漫《てんしんらんまん》で太陽のような人です。そして織田信長に仕えている間は、命がけで主君を守る、懸命に仕事をする姿勢は見事です。仕事をする者にとっては、真似したいところがいっぱいあります。

『喜びから人生を生きる！』は、末期ガンで危篤状態になり、臨死体験をした作者のノンフィクションです。著者のアニータは、末期ガンを患い、絶命寸前に魂が肉体から抜け出す体験をします。それは、ひたすら幸福で、心地よく、解放された世界でした。彼女は、身体から魂が離れることで、自分が宇宙の美しい存在、つまり「神」であることに気づきます。存在するだけで、愛される価値がある、愛されるために努力は必要ないと知るのです。そして、自分がガンに冒されたのは、不安や恐れと共に生きてきたことが原因だと、はっきりわかったのです。

このことを理解した後、彼女の身体が変わり始めます。心の状態や信念が変わったことで、彼女の体は驚異的に回復。数日で、ガンを克服し、すっかり元気になったのです。生還したアニータは、書物や講演会で、「自分を愛すること」「恐れないで生きること」「楽しいことをすること」「人の意見に左右されないこと」の大切さを伝えています。

これは、一人さんが日ごろから話している内容にピッタリと合致するんです。

さらに、師匠である斎藤一人さんの本は、とにかく刺激的ですよ。一冊読んだだけでファンになり、その教えを学びたくなります。『強運』『変な人の書いた成功法則』『令和の成功』『愛とゆるし』など、とにかくタイトルを見ただけで運が開けそうでしょ。『最強運のつかみ方』『男を上げる女』『女を上げる男』など私との共著も多数あります。どんどん読んで、一人さんの楽しい哲学を学んでみてほしいと思います。

本を読むことで、さまざまな世界を体験できるのも魅力です。シングルだからこそ、じっくりと本に親しめる時間もつくれます。ちょっとした知識があるだけで、問題を解決したり、人を理解したりすることができます。賢いシングルでいるためにも、本は強い味方になってくれますよ。

あとがき

あなたは、今、自分に自信を持っていますか？

「私なんてダメだから」

「自分はいつも失敗ばかりでうまくいかない」

そうやって、自分をいじめてはいませんか？

この本を読んで、

「私はスゴい」

「自分はすばらしい存在なんだ」

と気づいてほしい、それに気づいてくれたら、もう十分です。

シングルとして、あなたは必ず幸せでいられます。

私が主催する講演会で、多くの人と出会って、感じたことをお話しますね。

自分が嫌いになる人って、子どものころにさまざまなトラウマを抱えているのです。未熟な親から育てられて、つらい経験をしてきた人が多いのです。「あなたはダメな子」「あなたはできない子」と言われて、そう思い込んでしまう。

でもね、実は前世から人は、自分の親を選んで生まれてきているのです。これは多くの人が胎内記憶として証言していることからわかります。

実は、どんなにつらいことがあったとしても、それを覚悟の上で、生まれてきたのです。「自分はすばらしい存在だ」と気づくことができるように、その親をあえて選んでいるのです。

結婚しない〝シングル〟をテーマに書いた本ですが、私が一番言いたいのは、

「そのままの自分を愛してほしい」

「そのままの自分をゆるしてほしい」

「そのままの自分に自信を持ってほしい」

ということなんです。

自分を愛して、自分に自信を持つことができれば、もう大丈夫です！

結婚しようが、ひとりを貫こうが、仕事に人生をささげようが、すべて成功し、幸せでいられます。絶対です！

自分がすばらしい人間だとわかれば、人を信じられるようになります。人を信じることができれば、思いやりを持って人と接することができます。

そんな人は、多くの人から好かれて、周りの人が放っておかないほどの人気者になります。

他の人からの力で、運が開けていきます。

結婚しなくても、結婚しても、それは同じこと。

そして、自分を大切にしていれば、誰に何を言われようと、自分の道を貫くことができるのです。

自分が思うがままに生きることができるのです。

私はシングルを謳歌して、自分の道を貫く人を応援しています！

でもね、この本を読んだあなたは、とびきりステキな人になっているはず。だから、結婚したくなったら、結婚してもいいんです！

そんなあなたも私は応援していきますよ。

外岡はなゑ

一人さんとお弟子さんたちのブログについて

舛岡はなゑさんのブログ

https://ameblo.jp/tsuki-4978/

オフィシャルサイト（講演会・美開運メイク・癒しのセラピスト）

https://bikaiun.com/

斎藤一人オフィシャルブログ

https://ameblo.jp/saitou-hitori-official/

一人さんが毎日あなたのために、ついてる言葉を、
日替わりで載せてくれています。ぜひ、遊びにきてください。

一人さんのTwitter

https://twitter.com/o4wr8uaizherewj

お弟子さんたちのブログ

- 柴村恵美子さんのブログ
  https://ameblo.jp/tuiteru-emiko/
  ホームページ
  http://shibamuraemiko.com/
- みっちゃん先生のブログ
  http://ameblo.jp/genbu-m4900/
- 宮本真由美さんのブログ
  https://ameblo.jp/mm4900/
- 千葉純一さんのブログ
  https://ameblo.jp/chiba4900/
- 遠藤忠夫さんのブログ
  https://ameblo.jp/ukon-azuki/
- 宇野信行さんのブログ
  https://ameblo.jp/nobuyuki4499/

楽しいお知らせ

無料

ひとりさんファンなら
一生に一度はやってみたい

「八大龍王参り」

ハンコを10個集める楽しいお参りです。
10個集めるのに約7分でできます。

場所：ひとりさんファンクラブ

JR新小岩駅南口アーケード街徒歩3分
東京都葛飾区新小岩1-54-5 1F
電話：03-3654-4949
年中無休（朝10時～夜7時）

無料

商売繁盛	健康祈願	合格祈願	就職祈願	恋愛祈願	金運祈願

本書は２０１７年４月、宝島社から刊行された『斎藤一人　この先、結婚しなくてもズルいくらい幸せになる方法』を加筆・修正し、文庫化したものです。

祥伝社黄金文庫

斎藤一人《さいとうひとり》　この先《さき》、結婚《けつこん》しなくてもズルいくらい幸《しあわ》せになる方法《ほうほう》

令和元年10月20日　初版第1刷発行

著　者　舛岡《ますおか》はなゑ
発行者　辻 浩明
発行所　祥伝社《しようでんしや》
〒101－8701
東京都千代田区神田神保町3－3
電話　03（3265）2084（編集部）
電話　03（3265）2081（販売部）
電話　03（3265）3622（業務部）
www.shodensha.co.jp
印刷所　堀内印刷
製本所　ナショナル製本

Printed in Japan　© 2019, Hanae Masuoka　ISBN978-4-396-31767-6 C0195